前言

　　全国专利代理师资格考试是国家知识产权局举办的从事专利代理行业的职业资格考试。

　　本书以 2020 年新版《专利法》为基础，根据考试大纲和经过对过去十多年考试题目中涉及的知识点的梳理和深入分析，采用精练的语言总结了全国专利代理师资格考试专利法律知识科目的高频考点，包括重点、难点知识，通过表格的方式呈现给读者，每个考点用星号的数量标明考查频度。

　　本书采用掌中宝大小编排，方便携带，以便读者利用碎片时间，随时随地刷新、回顾核心考点。

　　本书由李慧杰（广西农业职业技术大学）、刘辉（广西大学）、汪旎（广西大学）、谢聪（广西农业职业技术大学)编著，由于时间仓促和水平有限，疏漏之处在所难免，敬请读者指正！联系邮箱：2409093243@qq.com。

李慧杰

目录

第一章 专利制度概论

第一节 专利基础知识

>> 核心考点 01：中国专利制度的特点（考查频度：★★★）

项目	注释
三种专利类型	我国一部《专利法》，包含发明、实用新型、外观设计三种专利类型。
专利权的性质	专利权是一种民事权利，其客体具有无形性、非物质性。
专利权的特点	专利权的特点包括权利的排他性、授权的地域性、存在的期限性。
先申请制	（1）同样的发明创造专利权授予最先申请的人。 （2）同日申请，由申请人进行协商；协商不成，均予以驳回。

项目	注释
审查制度	(1)初步审查制:适用于实用新型和外观设计专利申请。 (2)实质审查制:适用于发明专利申请。
诚实信用原则	(1)申请专利和行使专利权应当遵循诚实信用原则。 (2)不得滥用专利权损害公共利益或者他人合法权益、排除或者限制竞争。 (3)恪守诚实信用原则,不得实施非正常申请专利的行为。

⟫⟫ 核心考点 02:中国专利行政及司法机构 (考查频度:★★)

项目	注释
专利行政部门	(1)国务院专利行政部门:①国务院专利行政部门即国家知识产权局,负责管理全国的专利工作;统一受理和审查专利申请,依法授予专利权。②复审和无效部门对复审请求和专利权无效宣告请求进行审查,作出决定。③国务院专利行政部门可以应专利权人或者利害关系人

项目	注释
专利行政部门	的请求处理在全国有重大影响的专利侵权纠纷。④专利代办处是国家知识产权局专利局的专利业务派出机构。 （2）国防专利机构：国家国防专利机构负责受理和审查国防专利申请；国防专利复审委员会负责国防专利的复审和无效宣告工作。 （3）管理专利工作的部门：省、自治区、直辖市人民政府管理专利工作的部门负责本行政区域内的专利管理工作，处理和调解专利侵权纠纷。
司法机构	（1）专利侵权纠纷及假冒专利纠纷案件，由知识产权法院、最高人民法院指定的中级人民法院和基层人民法院管辖。 （2）最高人民法院设立知识产权法庭，主要审理专利等专业技术性较强的知识产权上诉案件。

第二节 申请专利的权利和专利权的归属

>> 核心考点 03：发明人与设计人（考查频度：★★★）

项目	注释
发明人/设计人的概念	（1）发明人/设计人，是指对发明创造的实质性特点作出创造性贡献的人。 （2）只负责组织工作的人、为物质技术条件的利用提供方便的人、从事其他辅助工作的人，不是发明人/设计人。 （3）发明人或设计人必须是自然人，不能是单位、组织、团队。
发明人/设计人的权利	（1）署名权：发明人/设计人有权在专利文件中写明自己的真实姓名。 （2）不公布姓名权：发明人/设计人有权要求不公布自己的姓名。 （3）获得奖酬的权利：职务发明创造的发明人/设计人，其所在单位应当依照法律规定，向其发放奖励、报酬。

>> **核心考点 04：专利申请人**（考查频度：★★★★）

项目	注释
属于非强制委托的申请人	属于非强制委托的申请人，可以自行办理，也可以委托专利代理机构代为办理专利事务，包括：(1)中国内地公民、企业或组织；(2)在中国内地有经常居所或营业所的外国人、外国企业、外国其他组织；(3)在中国内地有经常居所或营业所的港澳台居民、企业或组织。
属于强制委托的申请人	属于强制委托的申请人，在中国办理专利事务的，应当委托专利代理机构代为办理，包括：(1)具有申请资格，但在中国内地没有经常居所或营业所的外国人、外国企业、外国其他组织；(2)在中国内地没有经常居所或营业所的港澳台居民、企业或组织。
无资格在中国申请专利	在中国没有经常居所或营业所的外国人、外国企业或外国其他组织，且不满足下列条件之一：(1)申请人所属国同我国签订有相互给予对方国民以专利保护的协议；(2)申请人所属国是保护工业产权巴黎公约成员国或者世界贸易组织成员；(3)申请人所属国依互惠原则给外国人以专利保护。

>> 核心考点 05：联系人与代表人 （考查频度：★★）

项目	注释
联系人	（1）只有申请人是单位且未委托专利代理机构的，才应当填写联系人。 （2）联系人是代表该单位接收国务院专利行政部门所发信函的收件人。 （3）联系人应当是本单位的工作人员，必要时审查员可以要求申请人出具证明。 （4）联系人只能填写一人。
代表人	（1）申请人有两人以上且未委托专利代理机构的，除另有声明外，以第一署名申请人为代表人。 （2）代表人应当是申请人之一。 （3）电子申请中，以提交电子申请的电子申请用户为代表人。 （4）除直接涉及共有权利的手续外，代表人可以代表全体申请人办理专利申请中的其他手续，可由代表人签章行使的权利包括：①请求提前公布；②请求进行实质审查；③答复审查意见；④请求延长期限；⑤请求恢复权利等。

▶▶ 核心考点 06：职务发明创造（考查频度：★★★★★）

项目	注释
含义	（1）执行本单位的任务或者主要是利用本单位的物质技术条件所完成的发明创造为职务发明创造。 （2）"本单位"包括签订有正式劳动合同的工作单位和临时的工作单位，例如借调、退休返聘、临时组成的项目组等。 （3）"执行本单位任务"包括在本职工作中作出的发明创造，以及履行本单位交付的本职工作之外的任务所作出的发明创造，与原单位劳动人事关系终止后1年内作出的、且与其在原单位承担的本职工作或原单位分配的任务有关的发明创造。 （4）"主要利用本单位的物质技术条件"是指非执行本单位任务，但是利用本单位的资金、设备、零部件、原材料或不对外公开的技术资料等，并且达到了主要的程度。
权利的归属	（1）职务发明创造申请专利的权利属于该单位，授权后，该单位为专利权人。

项目	注释
权利的归属	（2）利用本单位的物质技术条件所完成的发明创造，单位与发明人/设计人订有合同，对权利归属作出约定的，从其约定。 （3）该单位可以依法处置其职务发明创造申请专利的权利和专利权，促进相关发明创造的实施和运用。
奖励和报酬	（1）约定优先：奖励、报酬的方式和数额可以在其依法制定的规章制度中进行约定。 （2）若无约定，应当自专利权公告之日起3个月内发给发明人/设计人奖金：①一项发明、实用新型、外观设计专利的奖金分别最低不少于3000元、1000元、1000元；②本单位自行实施专利权的，对于发明、实用新型、外观设计专利，每年应当分别从相应的营业利润中提取不低于2%、2%、0.2%，作为报酬给予发明人/设计人；③许可他人实施专利权的，应当从许可费中提取不低于10%，作为报酬给予发明人/设计人。 （3）国家鼓励被授予专利权的单位实行产权激励，采取股权、期权、分红等方式，使发明人或者设计人合理分享创新收益。

>> 核心考点 **07**：合作、委托完成的发明创造（考查频度：★★★★★）

项目	注释
合作完成的发明创造	（1）两个以上单位或者个人合作完成的发明创造,对于专利申请权的归属,有约定的从其约定;无约定的,申请专利的权利属于共同完成的单位或个人;申请被批准后,申请的单位或者个人为专利权人。 （2）其中一方转让其共有的专利申请权的,其他各方享有以同等条件优先受让的权利。 （3）其中一方声明放弃其共有的专利申请权的,可以由另一方单独申请或者由其他各方共同申请。 （4）申请人取得专利权的,放弃专利申请权的一方可以免费实施该专利。 （5）合作完成发明创造的当事人一方不同意申请专利的,另一方或者其他各方不得申请专利。
委托完成的发明创造	（1）委托所完成的发明创造,双方可以约定专利申请权的归属;申请被授权后,申请人为专利权人。 （2）双方没有约定的,申请专利的权利归受托人,但委托人可以免费实施该专利技术。 （3）受托人转让专利申请权的,委托人享有以同等条件优先受让的权利。

>> 核心考点 08：共有权的行使（考查频度：★★★）

项目	注释
约定优先	专利申请权或者专利权的共有人对权利的行使有约定的,从其约定。
没有约定	(1)可以由部分权利人单独行使的权利:①普通实施许可;②请求作出专利权评价被告;③申请行政复议;④提起行政/民事诉讼等。 (2)必须由全体权利人共同行使的权利:①提出专利申请;②撤回专利申请;③转让专利申请权/专利权;④委托专利代理机构;⑤要求/转让/撤回优先权;⑥请求享有宽限期;⑦放弃专利权;⑧排他或独占实施许可;⑨专利权质押;⑩提出复审请求;⑪无效宣告自己的专利权等。

第三节　专利代理制度

>> 核心考点 09：专利代理师（考查频度：★★★★★）

项目	注释
考试条件	(1)18周岁以上,具有完全的民事行为能力的中国公民、台湾地区居民。

项目	注释
考试条件	（2）具有高等院校理工科专业专科以上学历。 （3）因故意犯罪受过刑事处罚，自刑罚执行完毕之日起至报名之日止满3年。 （4）受吊销专利代理师资格证的处罚，自处罚决定之日起至报名之日止满3年。
执业条件	（1）具有完全民事行为能力。 （2）取得专利代理师资格证。 （3）在专利代理机构实习满1年，有律师执业经历，或有3年以上专利审查经历的人员。 （4）为专利代理机构的合伙人、股东或签订有劳动合同。 （5）专职从事专利代理业务。
成为合伙人或股东的禁止条件	（1）不具有完全民事行为能力。 （2）因故意犯罪受到刑事处罚。 （3）不能专职在专利代理机构工作。 （4）原单位解散或者被撤销、吊销执业许可证，未妥善处理各种尚未办结的专利代理业务。

项目	注释
执业规范	（1）专利代理师不得自行接受委托。 （2）专利代理师不得同时在两个以上专利代理机构从事专利代理业务。 （3）专利代理师不得以自己的名义申请专利或者请求宣告专利权无效。 （4）专利代理师对未公开的发明创造的内容，负有保守秘密的义务。 （5）专利代理机构被撤销、吊销执业许可证的，其合伙人、股东、法定代表人自处罚决定之日起3年内不得在专利代理机构新任合伙人或者股东、法定代表人。
行政处罚	（1）专利代理师存在规定的违法行为的，由省、自治区、直辖市人民政府管理专利工作的部门责令限期改正，予以警告，可以处5万元以下的罚款；情节严重或者逾期未改正的，由国务院专利行政部门责令停止承办新的专利代理业务6个月至12个月，直至吊销专利代理师资格证。 （2）专利代理师在执业过程中泄露委托人的发明创造内容，涉及泄露国家秘密、侵犯商业秘密的，或向有关行政、司法机关的工作人员行贿，提供虚假证据的，依照有关法律、行政法规的规定承担法律责任；

项目	注释
行政处罚	由国家知识产权局吊销专利代理师资格证。 （3）擅自开展专利代理业务的，由省、自治区、直辖市人民政府管理专利工作的部门责令停止违法行为，没收违法所得，并处违法所得1倍以上5倍以下的罚款。

>> 核心考点 10：专利代理机构 （考查频度：★★★★★）

项目	注释
专利代理机构设立条件	（1）名称：名称中应当含有"专利代理"或"知识产权代理"等字样。 （2）有书面合伙协议或者公司章程。 （3）有独立的经营场所。 （4）合伙人、股东应当为中国公民。 （5）性质：①合伙制：有2名以上合伙人；具有专利代理师资格证，并有2年以上专利代理师执业经历；②公司制：有5名以上股东；4/5以上股东以及公司法定代表人应当具有专利代理师资格证，并有2年

项目	注释
专利代理机构设立条件	以上专利代理师执业经历;③律所:律所办理专利代理业务,应当有 2 名以上合伙人或专职律师具有专利代理师资格证。 (6)取得国务院专利行政部门颁发的执业许可证。
分支机构	(1)专利代理机构执业时间需满 2 年。 (2)有 10 名以上专利代理师执业,拟设分支机构应当有 1 名以上专利代理师执业,且负责人应当具有专利代理师资格证。 (3)专利代理师不得同时担任多个分支机构负责人。 (4)代理机构 3 年内未受过专利代理行政处罚。 (5)申请时未被列入专利代理机构经营异常名录或严重违法失信名单。 (6)专利代理机构的分支机构不得以自己的名义办理专利代理事务。 (7)分支机构的设立或撤销需 30 日内向所在地省级知识产权局进行备案。

项目	注释
执业规范	（1）专利代理机构对在执业过程中了解的未公开的发明创造内容，负有保守秘密义务。 （2）专利代理机构不得以自己的名义申请专利或者请求宣告专利权无效。 （3）不得就同一专利申请或专利权的事务接受有利益冲突的其他当事人的委托。 （4）专利代理机构不得采用不正当手段招揽业务。
行政处罚	（1）专利代理机构有下列行为之一的，由省、自治区、直辖市人民政府管理专利工作的部门责令限期改正，予以警告，可以处 10 万元以下的罚款；情节严重或者逾期未改正的，由国务院专利行政部门责令停止承接新的专利代理业务 6～12 个月，直至吊销专利代理机构执业许可证：①合伙人、股东或者法定代表人等事项发生变化未办理变更手续；②就同一专利申请或者专利权的事务接受有利益冲突的其他当事人的委托；③指派专利代理师承办与其本人或者其近亲属有利益冲突的专利代理业务；④泄露委托人的发明创造内容，或以自己

项目	注释
行政处罚	的名义申请专利或请求宣告专利权无效;⑤疏于管理,造成严重后果。 (2)专业代理机构在执业过程中泄露委托人的发明创造内容,涉及泄露国家秘密、侵犯商业秘密的,或向有关行政、司法机关的工作人员行贿,提供虚假证据的,依照有关法律、行政法规的规定承担法律责任;由国务院专利行政部门吊销专利代理机构执业许可证。 (3)擅自开展专利代理业务的,由省、自治区、直辖市人民政府管理专利工作的部门责令停止违法行为,没收违法所得,并处违法所得 1 倍以上 5 倍以下的罚款。

>> 核心考点 11: 专利代理监管 (考查频度: ★★)

项目	注释
行政职责	(1)国家知识产权局负责全国的专利代理机构年度报告、经营异常名录和严重违法失信名单的公示工作。 (2)地方管理专利工作的部门负责本行政区域内的专利代理管理工作。

项目	注释
列入经营异常名录	（1）未在规定的期限提交年度报告。 （2）取得专利代理机构执业许可证或者提交年度报告时提供虚假信息的。 （3）擅自变更名称、办公场所、执行事务合伙人或法定代表人、合伙人或股东。 （4）分支机构设立、变更、注销未按照规定办理备案手续。 （5）因不再符合设立条件被责令整改，期限届满仍不符合条件的。 （6）专利代理机构公示信息与行政部门的登记信息不一致的。 （7）通过登记的经营场所无法联系。
列入严重违法失信名单	（1）被列入专利代理机构经营异常名录满 3 年仍未履行相关义务的。 （2）受到责令停止承接新的专利代理业务的专利代理行政处罚的。 （3）受到吊销专利代理机构执业许可证的专利代理行政处罚的。

第二章　授予专利权的实质条件

第一节　专利保护的对象和主题

>> 核心考点 12：实用新型专利保护的客体 （考查频度：★★★★★）

项目	注释
发明专利保护的客体	发明，是指对产品、方法或者其改进所提出的新的技术方案。 （1）发明专利包括方法发明、产品发明。 （2）发明专利保护的产品发明，包括有形产品、无形产品。 （3）声、光、电、磁、波本身不是授予专利权的主题，但对声、光、电、磁、波的利用来解决技术问题的技术方案属于专利权保护的主题。
实用新型专利保护的客体	实用新型是指对产品的形状、构造或者其结合所提出的适于实用的新的技术方案。 （1）实用新型保护的产品必须是具有确定形状、构造且占据一定空间的实体。

项目	注释
实用新型专利保护的客体	(2)形状特征不能是生物的或自然形成的形状。 (3)形状特征不能是以摆放、堆积等方法获得的非确定的形状。 (4)允许产品中的某个技术特征为无确定形状的物质,只要其在该产品中受该产品结构特征的限制即可。 (5)产品的形状可以是在某种特定情况下所具有的确定的空间形状。 (6)允许仅以现有技术中已知方法的名称限定产品的形状、构造。 (7)复合层结构的层状结构应当认为属于产品的构造。 (8)产品的构造不包括物质或材料的微观结构。

>> 核心考点13:外观设计专利保护的客体 (考查频度:★★★★★)

项目	注释
外观设计的含义	外观设计是指对产品的整体或者局部的形状、图案或者其结合以及色彩与形状、图案的结合所做出的富有美感并适于工业应用的新设计。能重复生产的手工艺品、农产品、自然物不能作为外观设计的载体。

项目	注释
外观设计专利不予保护的客体	（1）取决于特定地理条件、不能重复再现的固定建筑物、桥梁等。 （2）因其包含有气体、液体及粉末状等无固定形状的物质而导致其形状、图案、色彩不固定的产品。 （3）产品的不能分割或不能单独出售且不能单独使用的局部设计。 （4）通过视觉或肉眼难以确定，需要借助特定的工具才能分辨的物品。 （5）外观设计不是产品本身常规的形态。 （6）以自然物原有形状、图案、色彩作为主体的设计。 （7）纯属美术、书法、摄影范畴的作品。 （8）仅以在其产品所属领域内司空见惯的几何形状和图案构成的外观设计。 （9）文字和数字的字音、字义不属于外观设计保护的内容。 （10）游戏界面以及与人机交互无关的显示装置所显示的图案，例如，电子屏幕壁纸、开关机画面、与人机交互无关的网站网页的图文排版。 （11）对平面印刷品的图案、色彩或者二者的结合作出的主要起标识作用的设计。

第一章

>> 核心考点 14：不授予专利权的主题 （考查频度：★★★★★）

项目	注释
属于法第 5 条 (A5)规定的不授予专利权的主题	（1）对违反法律、社会公德或者妨害公共利益的发明创造，不授予专利权。 （2）处于各个形成和发育阶段的人体，包括人的生殖细胞、受精卵、胚胎及个体，均属于 A5.1 规定的不能被授予专利权的发明。 （3）人类胚胎干细胞不属于处于各个形成和发育阶段的人体。 （4）发明创造没有违反法律但因其被滥用而违反法律的，不属于禁止专利保护范围。 （5）如果仅仅是发明创造的产品的生产、销售或使用受到法律的限制或约束，则该产品本身及其制造方法并不属于违反法律的发明创造。 （6）如果发明创造是利用未经过体内发育的受精 14 天以内的人类胚胎分离或者获取干细胞的，则不能以"违反社会公德"为理由拒绝授予专利权。 （7）发明创造的实施或使用会严重污染环境、严重浪费能源或资源、破坏生态平衡、危害公众健康的，不能被授予专利权。 （8）如果发明创造因滥用而可能造成妨害公共利益的，或者发明创造在产生积极效果的同时存在某种缺点的，不属于排除范围。

第二章

项目	注释
属于法第 25 条（A25）规定的不授予专利权的主题	（1）科学发现。人们从自然界找到以天然形态存在的物质，仅仅是一种发现，不能被授予专利权。 （2）智力活动的规则和方法。由于智力活动的规则和方法没有采用技术手段或者利用自然规律，也未解决技术问题和产生技术效果，因而不构成技术方案。①如果一项权利要求仅仅涉及一种算法或数学计算规则，不属于专利保护的客体。②涉及商业模式的权利要求，如果既包含商业规则和方法的内容，又包含技术特征，则不能排除授权的可能性。 （3）属于疾病的诊断和治疗方法的，不授予专利权。 （4）非治疗目的的外科手术方法，由于是以有生命的人或者动物为实施对象，无法在产业上使用，因此不具备实用性。 （5）不属于诊断方法的：①在已经死亡的人体或动物体上实施的病理解剖方法；②直接的目的不是获得诊断结果或健康状况；③作用的对象为活的人体或动物体，以获取形体参数、生理参数或其他参数；④作用的对象为已经脱离人体或动物体的组织、体液或排泄物，通过进行处理或检测以获取数据；⑤要求保护的是获取信息的方法，或处理该信息的方法。

项目	注释
属于法第 25 条 (A25) 规定的不授予专利权的主题	(6) 不属于治疗方法的：①制造假肢或者假体的方法，以及为制造该假肢或者假体而实施的测量方法；②通过非外科手术方式处置动物体以改变其生长特性的畜牧业生产方法；③动物屠宰方法；④对于已经死亡的人体或动物体采取的处置方法；⑤单纯的美容方法，即不介入人体或不产生创伤的美容方法；⑥为使处于非病态的人或者动物感觉舒适、愉快或者在诸如潜水、防毒等特殊情况下输送氧气、负氧离子、水分的方法；⑦杀灭人体或者动物体外部（皮肤或毛发上，但不包括伤口和感染部位）的细菌、病毒、虱子、跳蚤的方法；⑧对于已经死亡的人体或者动物体实施的剖开、切除、缝合、纹刺等处置方法，只要该方法不违反专利法 A5.1，则属于可被授予专利权的客体。 (7) 主要是生物学的方法获得的动物和植物品种，不授予专利权。①对动物和植物品种的非生物学生产方法，可授予专利权；②微生物和微生物方法可获得专利权保护。 (8) 属于原子核变换方法以及用该方法获得的物质的，不授予专利权。①用原子核变换方法所获得的物质，主要是指用加速器、反应堆以及其他核反应装置生产、制造的各种放射性同位素，这些同位素不能被

项目	注释
属于法 第 25 条 (A25)规定 的不授予 专利权 的主题	授予发明专利权。②为实现原子核变换而增加粒子能量的粒子加速方法(如电子行波加速法、电子驻波加速法、电子对撞法、电子环形加速法等),属于可被授予发明专利权的客体。③为实现核变换方法的各种设备、仪器及其零部件等,均属于可被授予专利权的客体。 (9)对平面印刷品的图案、色彩或者二者的结合作出的主要起标识作用的设计,不授予专利权。

第二节　发明和实用新型专利申请的授权条件

>> 核心考点 15: 现有技术的判断 (考查频度: ★★★★★)

项目	注释
构成现有 技术的条件	专利法所称现有技术,是指申请日以前在国内外为公众所知的技术。 (1)时间条件:申请日(享有优先权的,指优先权日)以前,不包括申请日当天。

项目	注释
构成现有技术的条件	(2)地域条件:在国内外为公众所知,即没有地域限制。 (3)为公众所知,是指现有技术处于公众想要得知就能得知的状态。 (4)公众:是指为不受特定条件限制的对象,不包括负有保密义务的人。 (5)公开方式:包括出版物公开、使用公开、其他方式公开三种公开方式。
公开日的确定	(1)出版物的印刷日视为公开日,有其他证据证明其公开日的除外。 (2)印刷日只写明年月的,以所写月份的最后一日为公开日。 (3)印刷日只写明年份的,以所写年份的 12 月 31 日为公开日。

>> 核心考点 16:新颖性的判断原则与基准 (考查频度:★★★★★)

项目	注释
新颖性的概念	新颖性是指该发明或者实用新型不属于现有技术,也没有任何单位或者个人就同样的发明或实用新型在申请日以前向专利局提出过申请,

项目	注释
新颖性的概念	并记载在申请日以后(含申请日)公布的专利申请文件或者公告的专利文件中。 判断新颖性的对比文件包括:(1)现有技术。(2)抵触申请。
新颖性的判断原则	(1)发明专利申请是否具备新颖性,只有在其具备实用性后才予以考虑。 (2)构成同样的发明或实用新型的条件:①两者的技术方案相同或实质上相同;②两者能够适用于相同的技术领域;③两者解决了相同的技术问题;④两者具有相同的技术效果。 (3)单独对比原则:将发明或实用新型专利申请的各项权利要求记载的技术方案分别与对比文件中记载的技术方案单独地进行比较。
新颖性的判断基准	(1)相同内容的发明或实用新型要求保护的技术方案与对比文件所公开的技术内容完全相同,或者仅仅是简单的文字变换,包括可以从对比文件中直接地、毫无疑义地确定的技术内容。 (2)上位概念与下位概念:具体(下位)概念的对比文件使采用一般(上位)概念限定的被审查技术方案丧失新颖性("小"可以否定"大");

项目	注释
新颖性的判断基准	采用上位概念限定技术内容的对比文件不能否定用下位概念限定的被审查技术方案的新颖性（"大"不能否定"小"）。 （3）惯用手段的直接置换：与对比文件的区别仅仅是所属技术领域的惯用手段的直接置换的发明不具备新颖性。 （4）数值和数值范围：①对比文件公开的数值或者数值范围小，落在了被审查的发明或实用新型限定的技术特征的数值范围内，将破坏其新敏性新颖性；②二者公开的技术特征的数值范围部分重叠或者有一个共同的端点，将破坏其新颖性；③要求保护的数值范围小，落在对比文件公开的数值范围内（与其两个端点值也不相同），则被审查的发明或实用新型具有新颖性。 （5）新用途发明：①已知产品不能破坏新用途的新颖性；②仅仅表述形式不同而实质上属于相同用途的发明不具备新颖性；③与原作用机理或者药理作用直接等同的用途不具有新颖性；④仅体现在用药过程中的区别特征不能使该用途具有新颖性。

核心考点 17：抵触申请的判断 （考查频度：★★★★）

项目	注释
抵触申请的含义	抵触申请是指由任何单位或者个人就同样的发明或者实用新型在申请日以前向专利局提出，并且在申请日以后(含申请日)公布的专利申请文件或者公告的专利文件。 存在抵触申请的，则使被审查的发明或实用新型丧失新颖性。
构成抵触申请的条件	(1)受理主体：国家知识产权局，包括向其提出中国专利申请或者进入中国国家阶段的 PCT 国际申请。 (2)对比申请的主体：不限，为任何单位或个人，包括申请人本人。 (3)时间条件：①对比专利申请的申请日(或优先权日)在被审查专利申请的申请日(或优先权日)之前；②公开日或公告授权日在被审查的专利申请的申请日(或者优先权日，包含当天)之后。 (4)内容条件：二者记载有同样的发明或实用新型；对比内容不仅包括在先专利或专利申请的权利要求书，也包括其说明书(包括附图)；应当以其全文内容为准。

>> 核心考点 18：不丧失新颖性的宽限期 （考查频度：★★★）

项目	注释
宽限期的定义	申请专利的发明创造在申请日以前 6 个月内,发生专利法 A24 规定的四种情形之一的公开行为,该申请并不因此而丧失新颖性。该四种情形为: (1)在国家出现紧急状态或者非常情况时,为公共利益目的首次公开的。 (2)在中国政府主办或者承认的国际展览会上首次展出的公开行为。 (3)在规定的学术会议或者技术会议上首次发表的公开行为。 (4)他人未经申请人同意而泄露其内容的公开行为。
主张适用宽限期	(1)时间限制:①在发生 A24 规定的四种情形之日起的 6 个月内,申请人提出专利申请时可以要求享有宽限期;②发明创造的自首次公开之日起 6 个月内二次或多次公开的,仍可享有宽限期;③宽限期不得申请延长、中止、中断;④丧失享有宽限期请求的,不得申请权利恢复。 (2)主体限制:①公开行为只是专利申请人产生豁免效力;②对于专利申请人以外的其他人,构成现有技术,影响其专利申请的新颖性。 (3)证明文件:自申请日起 2 个月内提交相关证明文件。

29

项目	注释
要求享有宽限期	申请专利的发明创造有 A24 的"公开展出"或者"公开发表"的,申请人应当在提出专利申请时声明,并自申请日起二个月内提交有关证明文件: (1)公开展出:应当由展览会主办单位出具,证明材料中应当注明展览会信息以及该发明创造展出的日期、形式和内容,并加盖公章。 (2)公开发表:应当由国务院有关主管部门或者组织会议的全国性学术团体出具,证明材料中应当注明会议召开信息及该发明创造发表的日期、形式和内容,并加盖公章。 (3)他人私自泄露:应当注明泄露日期、泄露方式、泄露的内容,并由证明人签字或者盖章。

>> 核心考点 19:同样的发明创造 (考查频度:★★★)

项目	注释
含义	(1)指两件及两件以上专利申请,存在保护范围相同的权利要求。 (2)如果权利要求保护范围仅部分重叠的,则不属于同样的发明创造。

项目	注释
同一申请人同日分别提交两份申请	(1)两件申请均未授权的,则分别通知申请人进行选择或修改,申请人期满不答复的,相应的申请被视为撤回;经申请人答复仍属于同样的发明创造的,均予以驳回。 (2)其中一份已经授权的,如果另一份专利申请也符合授权条件但尚未授权,则通知申请人对尚未授权的进行修改,申请人期满不答复的,相应的申请被视为撤回;经申请人答复后仍属于同样的发明创造的,驳回尚未授权的申请。
双报	(1)前提条件:①同一申请人对同样的发明创造既申请发明又申请实用新型,且申请人在请求书中明确声明了另一份专利申请的存在;②实用新型首先获得了专利权,发明专利申请经过实质审查也符合授权条件。 (2)发明专利获得授权的条件为:实用新型专利权尚未终止,且申请人同意书面声明放弃实用新型专利权,专利审查部门发出发明专利授权通知书,并且,公告发明授权的同时,公告放弃实用新型专利权。 (3)发明专利被驳回的情形:①此时实用新型专利权已经终止;②申请人不同意放弃实用新型专利权;③申请人对要求选择或修改的通知书不予答复。

>> 核心考点 20：创造性的判断 （考查频度：★★★★★）

项目	注释
创造性的含义	创造性是指与现有技术相比，该发明，具有突出的实质性特点和显著的进步；该实用新型，具有实质性特点和进步。 　　创造性的判断主体为所属领域的技术人员。 　　只有发明或实用新型具备了实用性、新颖性之后，才进行创造性的判断。
审查原则	（1）判断是否有创造性的对比文件，仅限于现有技术。 　　（2）创造性的判断适用于多个对比文件中的技术方案进行组合而不限于"单独对比"。 　　（3）在评价一个技术方案是否具备创造性时，需要考虑该技术方案本身，其所属的技术领域、所解决的技术问题和所产生的技术效果，将其作为一个整体看待。 　　（4）如果一项独立权利要求具备创造性，则不再审查其从属权利要求的创造性。

项目	注释
突出的实质性特点的判断	（1）突出的实质性特点，是指对所属技术领域的技术人员来说，发明相对于现有技术是非显而易见的。 （2）如果对比的结果表明要求保护的发明相对于现有技术是非显而易见的，则具有突出的实质性特点。 （3）如果在现有技术的基础上仅仅通过合乎逻辑的分析、推理或者有限的试验可以得到的，则该发明是显而易见的，也就不具备突出的实质性特点。
显著的进步的判断	（1）有显著的进步，是指发明与现有技术相比能够产生有益的技术效果。 （2）表明有益效果的情形：①发明与现有技术相比具有更好的技术效果，例如，质量改善、产量提高、节约能源、防治环境污染等；②发明提供了一种技术构思不同的技术方案，其技术效果能够基本上达到现有技术的水平；③发明代表某种新技术发展趋势；④尽管发明在某些方面有负面效果，但在其他方面具有明显积极的技术效果。

第二章

项目	注释
创造性的辅助判断因素	①发明解决了人们一直渴望解决但始终未能获得成功的技术难题。 ②发明克服了技术偏见。 ③发明取得了商业上的成功：如果这种成功是由于发明的技术特征直接导致的，则一方面反映了发明具有有益效果，同时也说明了发明是非显而易见的。如果商业上的成功是由于其他原因所致，例如由于销售技术的改进或者广告宣传造成的，则不能作为判断创造性的依据。
特定发明的创造性判断	（1）开拓性发明：开拓性发明同现有技术相比，具有突出的实质性特点和显著的进步，具备创造性。 （2）组合发明：非显而易见的组合，取得了新的技术效果，或者技术效果更优越，则这种组合具有突出的实质性特点和显著的进步，发明具备创造性。 （3）选择发明：如果发明是可以从现有技术中直接推导出来的选择，则该发明不具备创造性；如果选择使得发明取得了预料不到的技术效果，则该发明具有突出的实质性特点和显著的进步，具备创造性。 （4）转用发明：如果转用未产生预料不到的技术效果，则这种转用发明不具备创造性；如果这种转用能够产生预料不到的技术效果，或者

项目	注释
特定发明的创造性判断	克服了原技术领域中未曾遇到的困难,则这种转用发明具有突出的实质性特点和显著的进步,具备创造性。 (5)已知产品新用途发明:如果新的用途仅仅使用了已知材料的已知的性质,则该用途发明不具备创造性;如果新的用途是利用了已知产品新发现的性质,并且产生了预料不到的技术效果,则该用途发明具有突出的实质性特点和显著的进步,具备创造性。

≫ 核心考点 21:实用性的判断 (考查频度:★★★)

项目	注释
实用性的含义	(1)实用性,是指发明申请的主题必须能够在产业上制造或者使用,并且能够产生积极效果。 (2)能够制造或者使用,是指在产业上能够制造或者使用的技术方案,是指符合自然规律、具有技术特征的任何可实施的技术方案。 (3)积极效果,是指专利申请在提出申请之日,其产生的经济、技术和社会的效果是所属技术领域的技术人员可以预料的,并且是积极有益的。

项目	注释
判断原则	应当以申请日提交的说明书(包括附图)和权利要求书所公开的整体技术内容为依据。与"是怎样创造出来的或者是否已经实施"无关。
实用性的判断基准	(1)不得无再现性。 (2)不得违背自然规律。违背自然规律的发明专利申请是不能实施的,因此不具备实用性。例如永动机,因为违背能量守恒定律,必然不具备实用性。 (3)利用自然条件:①具备实用性的发明专利申请不得是由自然条件限定的独一无二的产品。②利用特定的自然条件建造的不可移动的唯一产品不具备实用性。 (4)无积极效果:明显无益、脱离社会需要的发明专利申请的技术方案不具备实用性。 (5)非治疗目的的外科手术方法,由于是以有生命的人或动物为实施对象,无法在产业上使用,因此不具备实用性。举例:①为美容而实施的外科手术方法。②采用外科手术从活牛身体上摘取牛黄的方法。③实施冠状造影之前采用的外科手术方法。

第二章

项目	注释
实用性的判断基准	(6)测量极限参数。测量人体或动物体在极限情况下的生理参数需要将被测对象置于极限环境中,这会对人或动物的生命构成威胁,不具备实用性。举例:①通过逐渐降低人或动物的体温,以测量人或动物对寒冷耐受程度的测量方法。②利用降低吸入气体中氧气分压的方法逐级增加冠状动脉的负荷,并通过动脉血压的动态变化观察冠状动脉的代偿反应,以测量冠状动脉代谢机能的非侵入性的检查方法。
化学发明的实用性	(1)菜肴不适于在产业上制造和不能重复实施,不具备实用性。 (2)烹饪方法依赖于厨师的技术、创作等不确定因素而导致不能重复实施,不适于在产业上应用,也不具备实用性。 (3)医生处方和医生对处方的调剂,均没有工业实用性。 (4)由于受到客观条件的限制,且具有很大随机性,因此在大多数情况下都是不能重现的,一般不具有工业实用性。被分离出来的微生物本身,如果具有特定用途,则具有实用性。

第三节 外观设计专利申请的授权条件

>> **核心考点 22：外观设计新颖性的判断**（考查频度：★★★★★）

项目	注释
判断主体	外观设计的判断主体为一般消费者。
具有新颖性的条件	（1）不属于现有设计。现有设计是指申请日（有优先权的，指优先权日）以前在国内外为公众所知的设计。 （2）不存在抵触申请。抵触申请是指在涉案专利申请日以前任何单位或个人就同样的外观设计向国务院专利行政部门提出的，并且在申请日以后（含申请日）被公告授予专利权的专利申请。 同样的外观设计是指外观设计相同或者实质相同。
同样的外观设计	（1）相同的外观设计：①外观设计相同是指与对比设计是相同种类产品的外观设计，并且全部外观设计要素与对比设计的相应设计要素相同。②被审查设计与对比设计仅属于常用材料的替换，或者仅存在产品功能、内部结构、技术性能或尺寸的不同，而未导致产品外观设计的变化，则二者仍属于相同的外观设计。

项目	注释
同样的外观设计	(2)实质相同的外观设计:①其区别在于施以一般注意力不能察觉到的局部的细微差异。②其区别在于使用时不容易看到或者看不到的部位,但有证据表明在不容易看到部位的特定设计对于一般消费者能够产生引人瞩目的视觉效果的情况除外。③其区别在于将某一设计要素整体置换为该类产品的惯常设计的相应设计要素。④其区别在于将对比设计作为设计单元按照该种类产品的常规排列方式作重复排列或者将其排列的数量作增减变化。⑤其区别在于互为镜像对称。

>> **核心考点 23:外观设计创造性的判断**(考查频度:★★)

项目	注释
一般规定	(1)该外观设计与现有设计或现有设计特征的组合相比,应当具有明显区别。 (2)现有设计特征是指现有设计的部分设计要素或其结合。 (3)对比设计仅限于与被审查外观设计属于相同或者相近种类产品的现有设计。

第二章

项目	注释
一般规定	(4)对比设计:如果从一般消费者的角度,认为二者的差别对于产品外观设计的整体视觉效果不具有显著影响,则涉案专利与现有设计相比不具有明显区别。
判断时应综合考虑的因素	(1)整体观察时,应当更关注使用时容易看到的部位。 (2)若区别点仅在于局部细微变化的,二者不具有明显区别。 (3)对于包括图形用户界面的产品外观设计,其图形用户界面对整体视觉效果更具有显著的影响。
不具有明显区别的转用设计	(1)二者的设计特征相同或者仅有细微差别,且该现有设计中存在启示。 (2)单纯采用基本几何形状或者对其仅作细微变化得到的外观设计。 (3)单纯模仿自然物、自然景象的原有形态得到的外观设计。 (4)单纯模仿著名建筑物、著名作品的全部或部分形状、图案、色彩得到的外观设计。 (5)由其他种类产品的外观设计转用得到的玩具、装饰品、食品类产品的外观设计。

项目	注释
不具有明显区别的组合设计	(1)二者的相应设计部分相同或者仅有细微差别,且该现有设计中存在启示。 (2)将多项现有设计原样或作细微变化后进行直接拼合得到的外观设计。 (3)将产品外观设计的设计特征用另一项产品的设计特征原样或作细微变化后替换得到的外观设计。 (4)将产品现有的形状设计与现有的图案、色彩或其结合通过直接拼合得到该产品的外观设计。 (5)将现有设计中的图案、色彩或其结合替换成其他现有设计的图案、色彩或其结合得到的外观设计。

>> 核心考点 24: 不与在先权利相冲突的判断 (考查频度: ★★★)

项目	注释
不与在先权利相冲突的含义	(1)一项外观设计专利权被认定与他人在申请日(优先权日)之前已经取得的合法权利相冲突的,应当被宣告无效。 (2)在先权利包括商标权、著作权、企业名称权(包括商号权)、肖像权以及知名商品特有包装或者装潢使用权等。

项目	注释
在先商标权	（1）在先商标权是指在涉案专利申请日之前他人在我国法域内依法受到保护的商标权。 （2）与在先商标权相冲突，是指未经商标所有人许可在涉案专利中使用了与在先商标相同或相似的设计，引起误导或产生混淆的行为从而损害了在先商标权的合法权益。
在先著作权	（1）在先著作权是指在涉案专利申请日之前，他人通过合法方式享有的著作权。 （2）与在先著作权相冲突，是指未经著作权人许可，使用与该作品相同或实质性相似的设计，从而导致损害在先著作权人的相关合法权利或权益。

第三章 对专利申请文件的要求

第一节 发明和实用新型专利申请文件

>> **核心考点 25**：发明和实用新型专利申请请求书（考查频度：★★）

项目	注释
主体信息	(1)发明人信息(是否要求不公布姓名)；(2)申请人信息；(3)请求费减声明；(4)联系人信息；(5)代表人信息；(6)代理机构及代理人信息。
与申请有关的主要信息	(1)发明的名称；(2)申请分案；(3)生物材料保藏；(4)序列表声明；(5)遗传资源声明；(6)要求优先权的声明；(7)不丧失新颖性宽限期声明；(8)保密请求；(9)向外国申请专利保密申请请求；(10)同样的发明创造同日申请发明或者实用新型专利的声明；(11)提前公布申请；(12)摘要附图指定；(13)提出实质审查请求；(14)申请文件清单；(15)附加文件清单；(16)随同请求书提交的各类证明文件及其主要内容。

项目	注释
国知局填写	(1)申请号;(2)分案提交日;(3)申请日;(4)费减审批;(5)向外申请审批。
信息填写规范	(1)申请人/发明人应当使用本人真实姓名。 (2)姓名中不应当含有学位、职务等称号。 (3)申请人是中国企业或组织的,应当使用与单位公章一致的正式全称。 (4)申请人是外国企业或其他组织的,其名称应当使用中文正式译文的全称。 (5)申请人的地址应当包括邮政编码,以及详细通讯地址和电话号码。 (6)外国地址应当注明国别、市(县、州),并附具外文详细地址。

>> 核心考点 26: 权利要求书 (考查频度: ★★★★★)

项目	注释
相关规定	(1)权利要求书应当以说明书为依据,清楚、简要地限定要求专利保护的范围。

项目	注释
相关规定	（2）独立权利要求应当从整体上反映发明或者实用新型的技术方案，记载解决技术问题的必要技术特征。 （3）从属权利要求只能引用在前的权利要求。引用两项以上权利要求的多项从属权利要求，只能以择一方式引用，并不得作为另一项多项从属权利要求的基础。
形式要求	（1）权利要求中可以有化学式或者数学式，必要时也可以有表格，但是不得有插图。 （2）除绝对必要外，权利要求中不得使用"如说明书……部分所述"或"如图……所示"等类似用语。 （3）附图标记不得解释为对权利要求保护范围的限制。
独权撰写	（1）发明或实用新型的独立权利要求应当包括前序部分和特征部分： ①前序部分：写明要求保护的发明或者实用新型技术方案的主题名称和发明或者实用新型主题与最接近的现有技术共有的必要技术特征； ②特征部分：使用"其特征是……"或者类似的用语，写明发明或实用

项目	注释
独权撰写	新型区别于最接近的现有技术的技术特征,这些特征和前序部分写明的特征合在一起,限定发明或者实用新型要求保护的范围。 (2)主题名称,即说明该项权利要求保护的是产品还是方法,必具其一。 (3)必要技术特征,是指发明或实用新型为解决其技术问题所不可缺少的技术特征。
从权撰写	(1)发明或实用新型的从属权利要求应当包括引用部分和限定部分:①引用部分:写明引用的权利要求的编号及其主题名称;②限定部分:写明发明或者实用新型附加的技术特征。 (2)从属权利要求只能引用在前的权利要求。 (3)引用两项以上权利要求的多项从属权利要求只能以择一方式引用在前的权利要求。 (4)一项多项从属权利要求不得作为另一项多项从属权利要求的引用基础。

第三章

项目	注释
实质内容要求	（1）清楚：①类型清楚：不允许采用模糊不清的主题名称，如："一种……技术"；不允许在一项权利要求的主题名称中既包含有产品又包含有方法，如："一种……产品及其制造方法"；②范围清楚：不得使用含义不确定的用语，如"厚""强"等；不得出现"例如""最好是"等；不得使用"等""或类似物"等；应尽量避免使用括号；允许的情形，例如"含有 $10\%\sim60\%$（重量）的 A"。
	（2）简要：一件专利申请中不得出现两项或两项以上保护范围实质上相同的同类权利要求。权利要求的表述应当简要，除记载技术特征外，不得对原因或者理由做不必要的描述，也不得使用商业性宣传用语。
	（3）以说明书为依据：①权利要求书应当以说明书为依据，是指权利要求应当得到说明书的支持。②权利要求的技术方案在说明书中存在一致性的表述，并不意味着权利要求必然得到说明书的支持。③独立权利要求得到说明书支持并不意味着从属权利要求也必然得到支持。④方法权利要求得到说明书支持也并不意味着产品权利要求必然得到支持。⑤纯功能性的权利要求得不到说明书的支持，因而也是不允许的。

项目	注释
说明书格式及内容	（1）发明名称：说明书中的名称应当与请求书中的名称一致。发明或者实用新型的名称应当清楚、简要，写在说明书首页正文部分的上方居中位置。
	（2）技术领域：写明要求保护的技术方案所属或直接应用的技术领域，不是上位的或者相邻的技术领域，也不是发明或实用新型本身。
	（3）背景技术：背景技术中的引证文件应当是公开出版物，除纸件形式外，还包括电子出版物等形式。所引证的中国专利文件的公开日不能晚于本申请的公开日，所引证的非专利文件和外国专利文件的公开日应当在本申请的申请日之前。
	（4）发明内容：①写明本申请所要解决的技术问题以及解决该技术问题采用的技术方案，及有益效果；②技术方案中至少应反映包含独立权利要求的全部必要技术特征；③技术方案中还可以给出包含其他进一步改进的附加技术特征；④有益效果是指由构成发明或实用新型的技术特征直接带来的或必然产生的技术效果。

第三章

48

项目	注释
说明书格式及内容	(5)附图说明:说明书有附图的,应当写明各幅附图的图名,并且对图示的内容作简要说明;附图不止一幅的,应当对所有附图作出图面说明。
	(6)具体实施方式:①详细写明申请人认为实现发明或者实用新型的优选方式,必要时,举例说明;有附图的,对照附图说明;②当一个实施例足以支持权利要求所概括的技术方案时,可以只给出一个实施例。③涉及数值范围时,通常应给出两端值附近(最好是两端值)的实施例,当数值范围较宽时,还应给出至少一个中间值的实施例。
说明书撰写要求	(1)清楚:①应当主题明确:说明书应当写明该申请所要解决的技术问题、采用的技术方案,产生的有益效果。②应当表述准确:说明书的表述应当准确地表达本申请的技术内容,不得含糊不清或者模棱两可。
	(2)完整:应当包括有关理解、实现本申请所需的全部技术内容。
	(3)能够实现:能够实现是指所属技术领域的技术人员按照说明书记载的内容,就能够实现该发明或者实用新型的技术方案,解决其技术问题,并且产生预期的技术效果。

项目	注释
说明书撰写要求	（4）其他要求：①应当用词规范、语句清楚，并不得使用"如权利要求……所述的……"一类的引用语；②不得使用商业性宣传用语；③必要时可以采用自定义词，但应当给出明确的定义或说明；④说明书中无法避免使用商品名称时，其后应当注明其型号、规格、性能及制造单位。
化学领域的充分公开要求	（1）化学产品发明：化学产品包括化合物、组合物等；说明书中应当记载化学产品的确认、化学产品的制备以及化学产品的用途。
	（2）化学方法发明：化学方法包括化学物质的制备方法等；说明书应当记载该方法所用的原料物质、工艺步骤和工艺条件；对于方法所用的原料物质，应当说明其成分、性能、制备方法或者来源，使得本领域技术人员能够得到。
	（3）化学产品用途发明：说明书中应当记载所使用的化学产品、所取得的使用效果；对于无法预测的用途发明，则应当记载相应的实验数据。
	（4）补交实验数据：申请日之后补交的实施例和实验数据，应当予以审查；补交实验数据所证明的技术效果应当是所属技术领域的技术人员能够从专利申请公开的内容中得到的。

项目	注释
对说明书附图的要求	（1）法律效力：①附图是说明书的一个组成部分；②发明专利申请，用文字足以满足清楚、完整、能实现要求的，可没有附图；③实用新型专利申请的说明书必须有附图。 （2）绘制要求：①附图不得使用工程蓝图、照片；②说明书文字部分中未提及的附图标记不得在附图中出现，附图中未出现的附图标记也不得在说明书文字部分中提及；③附图中除必需的词语外，不得含有其他的注释；④同一幅附图中应当采用相同比例绘制，为清楚显示其中某一组成部分时可增加一幅局部放大图。

核心考点 28：说明书摘要及附图（考查频度：★）

项目	注释
法律效力	（1）说明书摘要仅是一种技术信息，不具有法律效力。 （2）不能作为以后修改说明书或者权利要求书的根据。

项目	注释
撰写要求	（1）应当写明发明或者实用新型的名称。 （2）应当写明所属技术领域、技术方案、技术问题、技术效果、主要用途。 （3）可以包含最能说明发明的化学式。 （4）有附图的，应当指定说明书附图中的一幅图为摘要附图。 （5）文字部分（包括标点符号）不得超过 300 个字。 （6）不得使用商业性宣传用语。

▷▷ 核心考点 29：发明和实用新型单一性的判断（考查频度：★★★★）

项目	注释
单一性的含义	（1）单一性，是指一件发明专利申请应当限于一项发明，属于一个总的发明构思的两项以上发明，可以作为一件申请提出。 （2）可以作为一件专利申请提出的属于一个总的发明构思的两项以上的发明，应当在技术上相互关联，包含一个或者多个相同或者相应的特定技术特征。 （3）缺乏单一性不影响专利的有效性，因此不属于宣告专利权无效的理由。

项目	注释
单一性 的判断	（1）判断一件申请中要求保护两项以上的发明是否属于一个总的发明构思，就是要判断该两项以上的发明是否在技术上相互关联。 （2）判断该两项以上的发明是否在技术上相互关联，就是要判断它们的权利要求中是否存在相同或者相应的特定技术特征。 特定技术特征，是指对现有技术做出贡献的技术特征。

核心考点 30：涉及生物材料的专利申请（考查频度：★）

项目	注释
提交保藏 的时间	（1）在申请日前或者最迟在申请日当天。 （2）有优先权的，指优先权日。
提交证明 的期限	（1）国内申请：应当自申请日起 4 个月内提交生物材料样品保藏及存活证明。 （2）PCT 国际申请：应当在办理进入中国国家阶段手续之日起 4 个月内向国务院专利行政部门提交。

项目	注释
相关规定	(1)遗传资源,是指取自人体、动物、植物或者微生物等含有遗传功能单位并具有实际或者潜在价值的材料。依赖遗传资源完成的发明创造,是指利用了遗传资源的遗传功能完成的发明创造。 (2)专利申请是依赖遗传资源完成发明创造的,申请人应当在专利申请文件中说明该遗传资源的直接来源和原始来源,申请人无法说明原始来源的,应当陈述理由。 (3)对违反法律、行政法规的规定获取或者利用遗传资源的,不授予专利权。
申请文件中的记载	(1)国内申请:申请人应当在请求书中说明,并填写遗传资源来源披露登记表。 (2)PCT 国际申请:申请人应当在进入中国国家阶段声明中指明,并填写国务院专利行政部门制定的表格。

>> 核心考点 **32**：外观设计专利申请请求书（考查频度：★★★）

项目	注释
主体信息填写	(1)设计人信息;(2)申请人信息;(3)联系人信息;(4)代表人信息;(5)代理机构及代理人信息。
国知局填写	(1)申请号;(2)分案提交日;(3)申请日;(4)费减审批。
使用外观设计的产品名称	(1)名称规范:产品名称一般应当符合《国际外观设计分类表》中小类列举的名称;产品名称一般不得超过 20 个字。
	(2)包括图形用户界面的应表明图形用户界面的主要用途和其所应用的产品;一般要有"图形用户界面"字样的关键词,动态图形用户界面的产品名称要有"动态"字样的关键词。
	(3)要避免的情形:①含有人名、地名、国名、单位名称、商标、代号、型号或以历史时代命名的产品名称;②概括不当、过于抽象的名称;③描述技术效果、内部构造的名称;④附有产品规格、大小、规模、数量单位的名称;⑤以外国文字或无确定的中文意义的文字命名的名称;⑥已经众所周知并且含义确定的文字可以使用。

项目	注释
相似设计	同一产品两项以上的相似外观设计,可以作为一件申请提出;一件外观设计专利申请中的相似外观设计不得超过 10 项。
成套产品	用于同一大类并且成套出售或使用的产品的两项以上外观设计,可以作为一件申请提出;成套产品外观设计专利申请中不应包含某一件或者几件产品的相似外观设计。
要求优先权	申请人自外观设计在外国或中国第一次提出专利申请之日起 6 个月内,又在中国就相同主题提出专利申请的,可以享有外国优先权或本国优先权。

▷▷ 核心考点 33:图片及照片(考查频度: ★★★)

项目	注释
应满足的要求	(1)立体产品及平面产品设计,应当提交至少涉及到的面的正投影视图。 (2)对于设计要点仅在于图形用户界面的,应当至少提交一幅包含该图形用户界面的显示屏幕面板的正投影视图。

项目	注释
应满足的要求	（3）如果需要清楚地显示图形用户界面设计在最终产品中的大小、位置和比例关系，需要提交图形用户界面所涉及面的一幅正投影最终产品视图。 （4）图形用户界面为动态图案的，申请人应当至少提交所涉及面的正投影视图作为主视图；其余状态可仅提交图形用户界面关键帧的视图作为变化状态图。 （5）对于用于操作投影设备的图形用户界面，除提交图形用户界面的视图之外，还应当提交至少一幅清楚显示投影设备的视图。
图片的绘制	（1）不得以阴影线、指示线、虚线、中心线、点划线等线条表达外观设计的形状。 （2）可以用两条平行的双点划线或自然断裂线表示细长物品的省略部分。 （3）图面上可以用指示线表示剖切位置和方向、放大部位、透明部位等，但不得有不必要的线条或标记。 （4）图片可以使用包括计算机在内的制图工具绘制，但不得使用铅笔、蜡笔、圆珠笔绘制，也不得使用蓝图、草图、油印件。

项目	注释
照片的拍摄	（1）照片应当避免因强光、反光、阴影、倒影等影响产品的外观设计的表达。 （2）照片中的产品通常应当避免包含内装物或者衬托物，但对于必须依靠内装物或者衬托物才能清楚地显示产品的外观设计时，则允许保留内装物或者衬托物。

>> 核心考点 34：简要说明（考查频度：★★★★）

项目	注释
简要说明	外观设计的简要说明应当写明外观设计产品的名称、用途，外观设计的设计要点，并指定一幅最能表明设计要点的图片或者照片。
需要写入的内容	（1）省略视图或请求保护色彩的。 （2）包含同一产品的多项相似外观设计的，应当在简要说明中指定其中一项作为基本设计。 （3）外观设计由透明材料或具有特殊视觉效果的新材料制成，必要时应当在简要说明中写明。

项目	注释
需要写入的内容	（4）如果外观设计产品属于成套产品，必要时应当写明各套件所对应的产品名称。 （5）包括图形用户界面的产品外观设计应在简要说明中清楚说明图形用户界面的用途，并与产品名称中体现的用途相对应。 （6）必要时说明图形用户界面在产品中的区域、人机交互方式以及变化过程等。
不能写入的内容	（1）商业性宣传用语。 （2）产品的性能和内部结构。

>> 核心考点 35：合案申请（考查频度：★★★）

项目	注释
合案申请	同一产品两项以上的相似外观设计，或属于同一类别并且成套出售或使用的产品的两项以上的外观设计，可以作为一件申请提出。 合案申请的每一件产品的外观设计，均应符合授权条件。

项目	注释
相似设计判断方式	（1）判断相似外观设计时，应当将其他外观设计与基本外观设计单独进行对比。 （2）一般情况下，经整体观察，如果其他外观设计和基本外观设计具有相同或者相似的设计特征，并且二者之间的区别点在于局部细微变化、该类产品的惯常设计、设计单元重复排列或者仅色彩要素的变化等情形，则通常认为二者属于相似的外观设计。
成套产品的外观设计	（1）成套出售或者使用，指习惯上同时出售或者同时使用并具有组合使用价值。 （2）同时出售，是指外观设计产品习惯上同时出售。 （3）同时使用，是指使用其中一件产品时，会想到使用另一件或另几件产品，而不是指在同一时刻同时使用这几件产品。

第四章　申请获得专利权的程序及手续

第一节　基本概念

核心考点 36：专利申请日（考查频度：★★★★）

项目	注释
申请日的确定	（1）纸件申请：①向国务院专利行政部门受理处或代办处窗口直接递交的专利申请，以收到日为申请日；②通过邮局邮寄递交到受理处或代办处的专利申请，以信封上的寄出邮戳日为申请日；③通过快递公司递交到国务院专利行政部门受理处或代办处的专利申请，以收到日为申请日。
	（2）电子申请：电子专利申请以国家知识产权局的专利电子申请系统收到符合规定的专利申请文件之日为申请日。
	（3）PCT国际申请：由受理局确定的国际申请日视为该申请在中国的实际申请日。
	（4）分案申请：提出分案申请的，以原申请的申请日为申请日。

项目	注释
申请日的 重新确定	(1)申请人提交的说明书中有附图说明但无附图的。 (2)申请人补交附图的,以向国务院专利行政部门提交或邮寄附图之日为申请日。 (3)申请人取消对附图说明的,保留原申请日。
电子申请	(1)电子申请的受理范围:①发明、实用新型和外观设计专利申请;②进入国家阶段的国际申请;③复审和无效宣告请求。 (2)涉及国家安全或者重大利益需要保密的专利申请,不得转换为电子申请方式。 (3)自文件发出之日起满 15 日为推定收到日。
申请号 的组成	申请号是用 12 位阿拉伯数字表示的,其中: (1)第 1～4 位:表示申请年号。 (2)第 5 位:表示申请种类号:1 表示发明专利申请;2 表示实用新型专利申请;3 表示外观设计专利申请;8 表示进入中国国家阶段的 PCT 发明专利申请;9 表示进入中国国家阶段的 PCT 实用新型专利申请。 (3)后 7 位:表示申请流水号。

第四章

项目	注释
申请号的组成	申请号是用 12 位阿拉伯数字表示的，其中： (1)第 1~4 位：表示申请年号。 (2)第 5 位：表示申请种类号。 (3)后 7 位：表示申请流水号。
申请种类号	1 表示发明专利申请；2 表示实用新型专利申请；3 表示外观设计专利申请；8 表示进入中国国家阶段的 PCT 发明专利申请；9 表示进入中国国家阶段的 PCT 实用新型专利申请。

>> 核心考点 38：委托专利代理（考查频度：★★）

项目	注释
委托关系	(1)委托的双方当事人是申请人和被委托的专利代理机构。 (2)申请人属于非强制委托对象，委托手续不合格的，需补正；不补正或者补正不合格的，视为未委托。

第四章

项目	注释
委托关系	（3）申请人属于强制委托对象，未委托的，通知答复；不答复的，其专利申请被视为撤回；申请人陈述意见或者补正后仍不符合规定的，其专利申请被驳回。
委托书	（1）申请人有委托的，应当提交委托书。 （2）签章：申请人是个人的，委托书应当由申请人签字或者盖章；申请人是单位的，应当加盖单位公章，也可以附有其法定代表人的签字或者盖章；申请人有两个以上的，委托书应当由全体申请人签字或盖章；委托书还应当由专利代理机构加盖公章。 （3）委托书内容应包括：发明创造名称；专利代理机构名称；专利代理师姓名；委托权限等。
委托关系变更	办理解除委托或者辞去委托手续的，应当事先通知对方当事人。 （1）解除委托：申请人（或专利权人）应当提交著录项目变更申报书＋全体委托人签章的解聘书；或者带有全体委托人签章的著录项目变更申报书。

项目	注释
委托关系变更	(2)辞去委托:专利代理机构应当提交著录项目变更申报书＋①委托人或代表人同意辞去委托声明;②或者专利代理机构盖章的表明已通知委托人的声明。

>> 核心考点 39：优先权（考查频度：★★★★★）

项目	注释
优先权的效力	除专利法 A28(申请日的确定)和 A42(专利权的保护期限)规定的情形外,专利法所称申请日,有优先权的,指优先权日。
外国优先权	(1)申请人自发明或者实用新型在外国第一次提出专利申请之日起12 个月内,或自外观设计在外国第一次提出专利申请之日起 6 个月内,又在中国就相同主题提出专利申请的,依照该外国同中国签订的协议或共同参加的国际条约,或者依照相互承认优先权的原则,可以享有优先权。 (2)要求享有外国优先权时,在先申请不得是已经过要求优先权的,但是否授权在所不问。

第四章

项目	注释
本国优先权	（1）申请人自发明或实用新型在中国第一次提出专利申请之日起12个月内，或自外观设计在中国第一次提出专利申请之日起6个月内，又向国务院专利行政部门就相同主题提出专利申请的，可以享有优先权。 （2）作为优先权基础的在先申请是中国申请。 （3）要求享有本国优先权的，在先申请自在后申请提出之日起即视为撤回。 （4）在先申请不得是：①已经要求过优先权的；②已经被授予专利权的；③属于分案申请的。
声明和费用	（1）提出专利申请时应当在请求书中声明要求享有优先权，并写明原受理机构、在先申请日、在先申请号。 （2）在缴纳申请费时同时缴纳优先权要求费。
在先申请文件的副本	（1）发明或实用新型：该副本应当在自首次申请日起16个月内提交。 （2）外观设计：该副本应当自在后申请的申请日起3个月内提交。 期满未提交的，视为未要求优先权。

项目	注释
在后申请的申请人和发明人	（1）申请人：①外国优先权：申请人完全不一致，应当在在后申请的申请日起3个月内提交具有全体在先申请人签字或盖章的转让证明文件。②本国优先权：申请人不一致的，应当在在后申请的申请日起3个月内提交具有全体在先申请人签字或盖章的转让证明文件。 （2）发明人：无论是外国优先权还是本国优先权，前后申请的发明人要求相同，即前后申请的发明人可以相同，可以不同。
多项优先权	（1）一项专利申请可以要求多项优先权。 （2）要求多项优先权的，该申请的优先权期限从最早的优先权日起计算。
部分优先权	（1）一项要求优先权的申请中，不仅包括在先申请中记载的技术方案外，还包括一个或多个新的技术方案。 （2）享有优先权的技术方案的可专利性评价时间点为优先权日，新的技术方案的评价时间点为实际申请日。

项目	注释
请求恢复优先权	(1)不能恢复:没有在优先权期限内提出在后申请的,不能请求恢复优先权。 (2)可以请求恢复:在优先权期限内提出了在后申请,且要求优先权声明中的三项内容(在先申请的受理机构、在先申请日、在先申请号)至少一项内容填写正确的。

核心考点 40:期限(考查频度:★★★★)

项目	注释
确定送达文件收到日	(1)直接送交的,交付日为收到日。 (2)邮寄及通过电子申请系统的,自文件发出之日起满 15 日为推定收到日。 (3)公告送达的,自公告之日起满 1 个月视为收到日。

第四章

项目	注释
期限的延长	（1）当事人因正当理由不能在期限内进行或者完成某一行为或者程序时，可以请求延长期限。 （2）可以请求延长的期限仅限于指定期限，但在无效宣告程序中国务院专利行政部门指定的期限不得延长。 （3）请求延长期限应在期限届满前提交延长期限请求书，说明理由，并缴纳延长期限请求费。 （4）延长的期限：1个月、2个月，只此两种。
耽误期限的处分决定	（1）视为撤回专利申请。 （2）视为放弃取得专利权的权利。 （3）视为未要求优先权。 （4）视为未委托等。

第四章

项目	注释
启动程序	（1）申请费、申请附加费、公布印刷费、优先权要求费。 （2）缴纳期限是自申请日起两个月内，或者自收到受理通知书之日起 15 日内。
审查费用	（1）发明专利申请实质审查费、复审费、无效宣告请求费。 （2）实质审查费缴纳期限是自申请日（有优先权要求的，为优先权日）起 3 年内。 （3）复审费的缴纳期限是自申请人收到专利局作出的驳回决定之日起 3 个月内。 （4）无效宣告请求费的缴纳期限是自提出相应请求之日起 1 个月内。
授权费用	（1）授权当年的年费及之后的年费及之后的年费。 （2）授权当年的年费缴纳期限为自申请人收到专利局作出的办理登记手续通知书之日起 2 个月内。 （3）授权后的年费应当在上一年度期满前缴纳。 （4）年费逾期但不超过 6 个月的，需缴纳一定比例的滞纳金。

第四章

项目	注释
其他费用	(1)恢复权利请求费:因正当理由耽误期限的,恢复权利请求费的缴纳期限是自当事人收到专利局确认权利丧失通知之日起2个月内。 (2)延长期限请求费:缴纳期限是在相应期限届满之日前。 (3)著录项目变更费:变更发明人、申请人、代表人等事项的著录事项变更请求费的缴纳期限是自提出请求之日起1个月内。 (4)专利权评价报告请求费:缴纳期限是自提出请求之日起1个月内。
申请费减的条件	(1)申请人或者专利权人是个人,其上一年度月均收入低于5000元的。 (2)申请人或专利权人是小型微利企业,其上年度企业应纳税所得额低于100万元的。 (3)事业单位、社会团体、非盈利性科研机构视为上述规定的小型微利企业。
费减种类	(1)申请费(不包括公布印刷费、申请附加费)。 (2)发明专利申请实质审查费。 (3)复审费。

第四章

项目	注释
费减种类	(4)年费(自授予专利权当年起 10 年的年费)。 (5)国际申请的申请人缴纳复审费和年费确有困难的,可以提出费用减缴的请求。
费减手续	(1)减缴申请费的请求应当与专利申请同时提出。 (2)减缴其他收费的请求可以与专利申请同时提出,也可以在相关收费缴纳期限届满日 2.5 个月之前提出。 (3)专利申请人或者专利权人请求减缴专利收费的,应当提交收费减缴请求书及相关证明材料。 (4)收入状况证明:①个人:应当如实填写本人上年度收入情况,同时提交所在单位出具的年度收入证明;无固定工作的,提交户籍所在地或者经常居住地县级民政部门或者乡镇人民政府(街道办事处)出具的关于其经济困难情况证明。②小微企业:应当如实填写经济困难情况,同时提交上年度企业所得税年度纳税申报表复印件。③事业单位、社会团体、非营利性科研机构:应当提交法人证明材料复印件。

第二节　专利的申请和审查流程

核心考点 42：专利申请的受理（考查频度：★★★）

项目	注释
形式要求	（1）语言：专利申请文件应当使用中文。 （2）格式：申请文件应当打字或印刷，字迹和附图应当清晰，不得涂改。 （3）签章：有委托的，应由专利代理机构盖章；未委托的，由申请人签字或盖章。
受理地点	（1）专利局受理处。 （2）专利代办处。
不予受理的情形	（1）发明专利申请缺少请求书、说明书或者权利要求书的；实用新型专利申请缺少请求书、说明书、说明书附图或者权利要求书的；外观设计专利申请缺少请求书、图片或照片或者简要说明的。 （2）未使用中文的。

项目	注释
不予受理的情形	(3)请求书中缺少申请人姓名或者名称,或者缺少地址的。 (4)外国申请人因国籍或者居所原因,明显不具有提出专利申请的资格的。 (5)属于强制委托对象的申请人,没有依法委托的。 (6)直接从外国、香港、澳门或者台湾地区向专利局邮寄的。 (7)专利申请类别不明确或者难以确定的。 (8)分案申请改变申请类别的。

核心考点 43：保密专利与保密审查（考查频度：★★★★）

项目	注释
保密专利	(1)保密专利包括发明、实用新型两种专利类型,均应按照与一般专利申请相同的基准进行审查。 (2)审查机构为国务院专利行政部门。 (3)保密专利申请只能以纸件的方式提出。 (4)保密专利申请的授权公告仅公布专利号、申请日和授权公告日。

项目	注释
国防专利	（1）国防专利只有发明专利一种类型。 （2）国防专利只在专利公报上公告专利号、申请日和授权公告日。 （3）国防专利申请，初步审查和实质审查按照与一般发明专利申请相同的基准进行。 （4）国防专利申请权和国防专利权经批准可以向国内的中国单位和个人转让。
向外申请专利前的保密审查	（1）申请人在向外国提出专利申请之前，应当事先向专利局提出保密审查请求。 （2）申请人向国务院专利行政部门提出 PCT 申请的，视为提出保密审查请求。 （3）仅包括发明和实用新型两种专利申请类型。 （4）擅自向外国申请专利的发明或者实用新型，又在中国申请专利的，不授予专利权。

项目	注释
初审内容	发明专利申请初步审查范围包括形式审查、明显实质性缺陷的审查以及费用的审查。
初审合格	(1)经初步审查,对于申请文件符合专利法及其实施细则有关规定并且不存在明显实质性缺陷的专利申请,应当认为初步审查合格。 　(2)发明专利申请经初步审查认为符合专利法要求的,自申请日(有优先权的,为优先权日)起满 18 个月期即行公布。
提前公布	(1)申请人提出提前公布声明不能附有任何条件。 　(2)提前公布请求可以在专利申请请求书中提出,也可以在申请受理之后、公布之前单独提出。 　(3)提前公布声明符合规定的,在专利申请初步审查合格后立即进入公布准备。 　(4)进入公布准备后,申请人要求撤销提前公布声明的,视为未提出,申请文件照常公布。

项目	注释
实质审查的原则	(1)请求原则:除专利法及其实施细则另有规定外,实质审查程序只有在申请人提出实质审查请求的前提下才能启动。 (2)听证原则:审查员在作出驳回决定之前,应当给申请人提供至少一次针对驳回所依据的事实、理由和证据陈述意见和/或修改申请文件的机会。 (3)程序节约原则:除非确认申请根本没有被授权的前景,在发出第一次审查意见通知书之前对专利申请进行全面审查,但是审查员不得以节约程序为理由违反请求原则和听证原则。
实质审查的启动	(1)申请人自申请日(有优先权的,自优先权日)起 3 年内,向国务院专利行政部门提出实质审查请求,并缴纳实质审查费。 (2)申请人未在法定 3 年期限内提交实质审查请求书,审查员应当发出视为撤回通知书。 (3)申请人提交了实质审查请求书,但未在规定的期限内缴纳或者缴足实质审查费的,审查员应发出视为撤回通知书。

项目	注释
实质审查 的内容	(1)是否符合单一性(A31.1)审查。 (2)是否属于不授予专利权的主题及客体(A5、A25、A2.2)的审查。 (3)是否具有实用性(A22.4)审查。 (4)说明书是否充分公开(A26.3)审查。 (5)新颖性和创造性审查(A22.2、A22.3)。 (6)权利要求是否得到说明书支持(A26.4)。 (7)独权是否缺少要技术特征。 (8)从属权利要求是否择一引用,是否存在多项引多项问题。 (9)是否存在重复授权(A9)。 (10)修改是否超范围(A33)。 (11)分案申请是否超原案范围。 (12)依赖遗传资源的审查(A26.5)。 (13)向外申请前是否进行保密审查(A19)。

项目	注释
审查结论	(1)视为撤回:无正当理由逾期不答复。 (2)授予专利权:没有发现驳回理由。 (3)驳回专利申请:不具备授权条件。
举行会晤	(1)在实质审查过程中,审查员可以约请申请人会晤,以加快审查程序;申请人可以提出会晤请求,由审查员决定。 (2)会晤地点:应当在专利局指定的地点进行。 (3)会晤参加人:有委托的,必须有专利代理师参加;无委托的,全体申请人参加。
远程交流	在实质审查过程中,审查员与申请人可以进行电话讨论,也可以通过视频会议、电子邮件等其他方式与申请人进行讨论。
现场调查	(1)审查员经过批准方可去现场调查。 (2)调查所需的费用由专利局承担。

第四章

项目	注释
修改原则	申请人可以对其专利申请文件进行修改,但是对专利申请文件的修改不得超出原说明书和权利要求书记载的范围(A33)。
答复修改	(1)答复第一次审查意见通知书的期限为 4 个月。 (2)代表人可以代表共有申请人在答复意见书上签字或者盖章。 (3)答复修改应当针对通知书指出的缺陷进行:①不允许主动删除独立权利要求中的技术特征,扩大了该权利要求请求保护的范围;②不允许主动改变独立权利要求中的技术特征,导致扩大了请求保护的范围;③不允许将因为缺乏单一性而删掉的技术内容作为修改后权利要求的主题;④不允许主动增加新的独立权利要求;⑤不允许主动增加新的从属权利要求。
主动修改	(1)主动修改时机:①提出实质审查请求时;②在收到进入实质审查阶段通知书之日起的 3 个月内。 (2)主动修改方式:①允许修改独立权利要求;②允许增加或删除一项或多项权利要求;③允许修改独立权利要求,使其相对于最接近的现有技术重新划界;④允许修改从属权利要求。

项目	注释
依职权修改	在初步审查程序、实质审查程序中，审查员可以依职权对申请文件中文字和符号的明显错误进行修改，并通知申请人。

核心考点 47：实用新型专利申请的初步审查（考查频度：★★）

项目	注释
审查内容	初步审查范围包括形式审查、明显实质性缺陷的审查以及费用的审查
明显实质性缺陷的审查	（1）是否属于不授予专利权的主题及客体（A5.1、A25、A2.3）的审查。 （2）是否明显不具有新颖性（A22.2）。 （3）是否明显不具有实用性（A22.4）。 （4）说明书是否满足清楚、完整、能够实现的规定（A26.3）。 （5）权利要求书是否满足清楚、简要、以说明书为依据的规定（A26.4）。

项目	注释
明显实质性缺陷的审查	(6)是否明显不具有单一性(A31.1)。 (7)修改是否明显超范围(A33)。 (8)是否存在重复授权(A9)等。
初步审查程序	(1)实用新型可能涉及非正常申请的,审查员应当根据检索获得的对比文件或其他途径获得的信息,审查其是否明显不具备新颖性。 (2)经初步审查没有发现驳回理由的,审查员应当作出授予实用新型专利权的通知。 (3)实用新型专利权的期限为10年,自申请日起算。
修改申请文件	(1)答复审查意见通知书时申请人应当针对通知书指出的缺陷进行修改。 (2)申请人可以自申请日起2个月内对实用新型专利申请文件主动提出修改。 (3)审查员可以对申请文件中文字和符号的明显错误依职权进行修改。

项目	注释
审查内容	（1）初步审查范围包括形式审查、明显实质性缺陷的审查以及费用的审查。 （2）外观设计可能涉及非正常申请的审查员应当根据检索获得的对比文件或其他途径获得的信息，审查其是否明显不具备新颖性。 （3）同样的发明创造只能授予一项专利权；同样的外观设计是指两项外观设计相同或者实质相同。
修改申请文件	（1）申请人对其外观设计专利申请文件的修改不得超出原图片或照片表示的范围。 （2）答复审查意见通知书时申请人应当针对通知书指出的缺陷进行修改。 （3）申请人可以自申请日起 2 个月内对外观设计专利申请文件主动提出修改。 （4）审查员可以对申请文件中文字和符号的明显错误依职权进行修改。

第四章

项目	注释
审查结果	（1）申请人对专利申请被驳回的决定不服的，可在收到决定之日起3个月内请求复审。 （2）经初步审查没有发现驳回理由的，审查员应当作出授予外观设计专利权通知。 （3）外观设计专利权的期限为15年，自申请日起算。

第三节　专利申请的通用审查程序

核心考点 49：审查的顺序（考查频度：★）

项目	注释
延迟审查	（1）适用对象：发明、外观设计专利申请。 （2）提出的时机：发明专利延迟审查请求，应当由申请人在提出实质审查请求的同时提出。外观设计延迟审查请求，应当由申请人在提交外观设计申请的同时提出。

项目	注释
延迟审查	（3）延迟期限为自提出延迟审查请求生效之日起 1 年、2 年或 3 年。
优先审查适用对象	（1）授权前的案件：三种专利类型（发明需在实质审查阶段）的全体专利申请或复审请求人提出请求，且其申请属于重点产业或具有重大意义或者具有一定的市场需求的。 （2）授权后的案件：①经全体请求人或专利权人同意的无效宣告案件；②受理侵权纠纷的地方知识产权局、人民法院或仲裁机构对涉案专利的无效宣告程序要求优先审查。 （3）例外：同一申请人同日对同样的发明创造既申请实用新型又申请发明的，对于其中的发明专利申请一般不予优先审查。
请求优先审查	请求优先审查的需采用电子申请方式提交优先审查请求书及信息材料和证明文件、推荐意见（作为向外申请的优先权基础的除外）。

项目	注释
停止优先审查	下列情形下,停止优先审查,按普通程序处理,并及时通知优先审查请求人: (1)发明专利申请收到通知之日起 2 个月内,实用新型和外观设计 15 天内申请人未答复或主动修改专利申请文件的。 (2)复审请求人延期答复的。 (3)无效宣告请求人补充证据和理由的。 (4)专利权人以删除以外的方式修改权利要求书的。 (5)专利复审或者无效宣告程序被中止。 (6)案件审理依赖于其他案件的审查结论。 (7)疑难案件,并经专利复审委员会主任批准。

▶▶ 核心考点 50:撤回专利申请的声明 (考查频度:★)

项目	注释
基本要求	(1)授予专利权之前,申请人随时可以主动要求撤回其专利申请。 (2)撤回专利申请不得附有任何条件。

项目	注释
撤回程序	（1）申请人应当提交撤回专利申请声明，并附具全体申请人签字或盖章同意撤回的证明材料。 （2）撤回专利申请的生效日为手续合格通知书的发文日。 （3）在专利申请进入公布准备后提出撤回声明的，申请文件照常公布或者公告，但审查程序终止。

▷▷ 核心考点 51：中止审查程序

项目	注释
因权属纠纷而中止审查程序	（1）当事人因专利申请权或专利权权属发生纠纷，且已请求行政调解或起诉的，专利局根据请求中止有关程序。 （2）自请求中止之日起 1 年内权属纠纷未能结案，请求人可以申请延长中止一次，延长期限不超过 6 个月；期满未请求延长的，专利局自行恢复有关程序。 （3）无效宣告程序被中止的，中止期限不超过 1 年，中止期限届满专利局将自行恢复。

项目	注释
因财产保全而中止审查程序	（1）人民法院在审理民事案件中，裁定对专利申请权或专利权采取保全措施，专利局根据人民法院的要求中止有关程序的行为。 （2）国务院专利行政部门应当在收到写明申请号或者专利号的裁定书和协助执行通知书之日中止被保全的专利申请权或者专利权的有关程序。 （3）中止程序的期限，按照民事裁定书及协助执行通知书写明的财产保全期限执行。 （4）保全期限届满，人民法院没有裁定继续保全的，专利局自行恢复有关程序。
中止审查对象	（1）暂停专利申请的初步审查、实质审查、复审、授予专利权和专利权无效宣告程序。 （2）暂停视为撤回专利申请、视为放弃取得专利权、未缴年费终止专利权等程序。 （3）暂停办理撤回专利申请、放弃专利权、变更申请人（或专利权人）的姓名或者名称、转移专利申请权（或专利权）、专利权质押登记等手续。

第四章

核心考点 52: 权利的恢复 (考查频度: ★)

项目	注释
不可恢复的	不丧失新颖性的宽限期、优先权期限、专利权期限和侵权诉讼时效这四种期限被耽误而造成的权利丧失,不能请求恢复权利。
请求恢复权利	(1)不可抗拒事由:①当事人因不可抗拒的事由而延误期限导致其权利丧失的,自障碍消除之日起 2 个月内,最迟自期限届满之日起 2 年内,可以向国务院专利行政部门请求恢复权利。②请求恢复权利的,应当提交恢复权利请求书,说明理由,必要时附具有关证明文件,并办理权利丧失前应当办理的相应手续。
	(2)正当理由:①当事人因其他正当理由延误导致权利丧失而请求恢复权利的,应当自收到国务院专利行政部门或者国务院专利行政部门的处分决定之日起 2 个月内提交恢复权利请求书,说明理由,并同时缴纳恢复权利请求费。②当事人请求恢复权利的,还应当缴纳恢复权利请求费。③当事人在请求恢复权利的同时,应当办理权利丧失前应当办理的相应手续,消除造成权利丧失的原因。

项目	注释
办理授权登记手续	（1）专利局发出授予专利权通知书、办理登记手续通知书，申请人应当在收到通知之日起 2 个月内办理登记手续。 （2）申请人在办理登记手续时，应当缴纳授权当年的年费、专利证书印花税。 （3）申请人在规定期限之内办理登记手续的，专利局应当颁发专利证书，并同时予以登记和公告，专利权自公告之日起生效。 （4）申请人未在规定期限内办理登记手续的，视为放弃取得专利权的权利。
专利证书	（1）对于授权公告日在 2020 年 3 月 3 日（含当日）之后的专利电子申请，国家知识产权局将通过专利电子申请系统颁发电子专利证书，不再颁发纸质专利证书。 （2）因专利权转移、专利权人更名的，专利局不再更换专利证书。 （3）专利权因权属纠纷导致改变权利权人的，根据请求及相关证明文件予以更换证书。 （4）专利权终止后，不再更换专利证书。

项目	注释
专利登记簿	（1）专利局授予专利权时应当建立专利登记簿。 （2）记载专利权的授予、专利申请权、专利权的转移、专利权的无效宣告、专利权的终止、专利权的许可与质押、专利权人信息变更等。 （3）授予专利权时，专利登记簿与专利证书上记载的内容是一致的，在法律上具有同等效力；授权之后，专利登记簿与专利证书上记载的内容不一致的，以专利登记簿上记载的法律状态为准。 （4）专利权授予公告之后，任何人都可以向专利局请求出具专利登记簿副本。
案卷的查阅复制	（1）专利审查阶段：仅申请人及其专利代理师可以查阅和复制未公开的文件；任何人均可查阅和复制已公开的文件。 （2）复审无效阶段：允许查阅和复制申请阶段的文件及复审、无效阶段的文件。 （3）不予查阅复制的文件：涉及国家利益的，或涉及个人隐私或商业秘密等情形的，以及国知局内部文件不予查阅复制。

第四章

核心考点 55：分案申请（考查频度：★★★）

项目	注释
分案申请的申请日	（1）分案申请以原申请的申请日为申请日。 （2）分案申请请求书中原申请的申请号填写正确，但未填写原申请的申请日的，以原申请号所对应的申请日为申请日。 （3）分案申请请求书中未填写原申请的申请号或者填写的原申请的申请号有误的，按照一般专利申请受理。
申请人	（1）分案申请的申请人应当与原申请的申请人相同。 （2）针对分案申请提出再次分案申请的申请人应当与该分案申请的申请人相同。
发明人	（1）分案申请的发明人应当是原申请的发明人，或者是其中的部分成员。 （2）针对分案申请提出的再次分案申请的发明人应当是该分案申请的发明人或者是其中的部分成员。

项目	注释
分案时机	（1）申请人可以在办理授权登记的 2 个月期限届满前，提出分案申请。 （2）专利申请已经被驳回、已经撤回，或视为撤回且未被恢复权利，或者已经授权的，不能提出分案申请。 （3）对于已发出驳回决定的原申请，不论申请人是否提出复审请求，均可以申请分案。 （4）复审前及复审后起诉前，申请人均可以提出分案申请。
提出分案申请	（1）分案申请的类别应当与原申请的类别一致。 （2）分案申请可以享有原申请享有的优先权。 （3）分案申请应当在请求书中填写原申请的申请号和申请日；再次分案的申请，申请人还需在原申请的申请号后的括号内填写该分案申请的申请号。 （4）原申请与分案申请的权利要求书应当分别要求保护不同的发明，说明书可以不做修改。

项目	注释
期限	(1)分案申请适用的各种法定期限,应当从原申请日起算。 (2)对于已经届满或自分案申请递交日起至期限届满日不足 2 个月的各种期限,申请人可以自分案申请递交日起 2 个月内或自收到受理通知书之日起 15 日内补办各种手续。
费用	(1)对于分案申请,应当视为一件新申请收取各种费用。 (2)对于已经届满或自分案申请递交日起至期限届满日不足 2 个月的各种费用,申请人可以在自分案申请递交日起 2 个月内或者自收到受理通知书之日起 15 日内补缴。

>> 核心考点 56:著录项目变更 (考查频度:★★)

项目	注释
申请变更事项	(1)申请人或专利权人事项、发明人、联系人、代表人信息。 (2)专利代理事项:专利代理机构的名称和注册信息、专利代理师信息等。

项目	注释
变更申请	(1)提交著录项目变更申报书。 (2)著录项目变更手续自专利局发出变更手续合格通知书之日起生效。
变更费	(1)变更申请人或专利权人事项、发明人、联系人、代表人信息事项的,需缴纳著录事项变更费。 (2)著录事项变更费应当自提出请求之日起 1 个月内缴纳;期满未缴纳或未缴足的,视为未提出请求。

> > **核心考点 57:专利权评价报告**(考查频度:★★★)

项目	注释
受理机关	专利权评价报告的作出机关为国家知识产权局。
证据效力	(1)专利权评价报告是人民法院或管理专利工作的部门审理、处理专利侵权纠纷的证据。 (2)专利权评价报告不是行政决定,不是行政复议或行政诉讼的客体。

项目	注释
请求的客体	(1)专利权评价报告的客体为已经授权公告的实用新型专利或者外观设计专利,包括已经终止或者放弃的实用新型专利或者外观设计专利。 (2)视为未提出的情形:①针对的客体是未授权的实用新型或外观设计专利申请的;②针对的客体是已被国务院专利行政部门宣告全部无效的实用新型或外观设计专利的;③针对的客体是国家知识产权局已作出专利权评价报告的实用新型或外观设计专利的。
请求人的资格	(1)有资格提出请求的主体为专利权人、利害关系人或者被控侵权人。 (2)多个专利权人共有专利权的,请求人可以是部分专利权人。
专利权评价报告	(1)时限:国家知识产权局应当自收到合格的专利权评价报告请求书和请求费后2个月内作出专利权评价报告。 (2)查阅与复制:国家知识产权局作出专利权评价报告后,任何单位或个人可以查阅或复制。

项目	注释
行政复议的参加人	(1)行政复议申请人：①专利申请人、专利权人；②布图设计申请人、专有权人；③强制许可请求人；④复审请求人、无效宣告当事人；⑤专利代理机构/代理师。 (2)第三人：认为权利或者利益受到具体行政行为损害的其他利害关系人，可以申请行政复议，也可以作为第三人参加行政复议。 (3)共有权利人：涉及共有权利的，共有人可以单独或者共同提出复议申请。 (4)委托代理人：复议申请人、第三人可以委托代理人代为参加行政复议。
受案范围	(1)专利申请人、专利权人对国知局作出的有关具体行政行为不服的。 (2)强制许可请求人对国家知识产权局作出的终止强制许可的决定不服的。

第四章

项目	注释
受案范围	（3）复审请求人、无效宣告当事人对复审、无效宣告决定以外的程序性决定不服的。 （4）专利代理机构/代理师对国知局作出的有关专利代理管理的具体行政行为不服的。
排除范围	（1）专利申请人对驳回决定不服的（复审）。 （2）复审请求人对复审决定不服的（诉讼）。 （3）当事人对无效宣告决定不服的（诉讼）。 （4）当事人对强制许可使用费的裁决不服的（诉讼）。 （5）PCT申请的申请人对行政决定不服的（诉讼）。
复议申请	（1）申请人应当自知道该具体行政行为之日起60日内提出申请。 （2）行政复议不收取费用。 （3）申请人申请行政复议且已被受理的，不得再提起诉讼；反之亦然。 （4）复议申请人申请行政复议时可以一并提出行政赔偿请求。

第四章

项目	注释
复议审理	(1)审理行政复议案件,以法律、行政法规、部门规章为依据。 (2)行政复议决定应自受理之日起 60 日内作出,需要延长的,经批准不得超过 30 日。

第四章

第五章　专利申请的复审与专利权的无效宣告

---■ 第一节　概　要 ■---

核心考点 59：复审无效的审查原则与制度 （考查频度：★★★）

项目	注释
审查原则	（1）复审、无效程序应当遵循的原则包括：合法原则、公正执法原则、请求原则、依职权审查原则、听证原则、公开原则。 （2）无效宣告程序中还应遵循的原则：一事不再理原则、当事人处置原则、保密原则。 （3）听证原则：在作出审查决定之前，应当给予审查决定对其不利的当事人针对审查决定所依据的理由、证据和认定的事实陈述意见的机会。 （4）一事不再理：对已作出审查决定的无效宣告案件涉及的专利权，以同样的理由和证据再次提出无效宣告请求的，不予受理和审理。

项目	注释
合议审查制度	（1）复审无效部门合议审查的案件,应由三或五人组成的合议组负责审查。 （2）复审:①合议组一般仅针对驳回决定所依据的理由和证据进行审查,不承担对专利申请全面审查的义务;②可以依职权对驳回决定未提及的明显实质性缺陷进行审查。 （3）无效宣告:①合议组不承担全面审查专利有效性的义务;②可依职权对请求人提出的明显不对应的理由和证据作出调整使其相对应;③可依职权引入明显缺陷对专利权进行审查;④可依职权引入技术词典、技术手册、教科书等所属技术领域中的公知常识性证据。
回避制度	回避适用的情形包括: ①是当事人或者其代理人的近亲属的。 ②与专利申请或专利权有利害关系的。 ③与当事人或其代理人有其他关系,可能影响公正审查和审理的。 ④复审和无效宣告程序中,曾参与原申请的审查的。

第五章

第二节　专利申请的复审程序

>> 核心考点 60：专利申请的复审程序（考查频度：★★★★★）

项目	注释
复审程序启动	（1）专利申请人可以在收到驳回决定之日起 3 个月内向国务院专利行政部门提出复审请求，并在该 3 个月内缴纳复审请求费。 （2）复审请求不是针对驳回决定的，不予受理。 （3）复审请求人必须是全部共同申请人。
前置审查	（1）国务院专利行政部门受理复审案件后，应当将合格的复审请求书连同案卷一并转交作出驳回决定的原审查部门进行前置审查。 （2）除特殊情况外，前置审查应当在收到案卷后一个月内完成。
不允许的修改	（1）不得将修改后的权利要求相对于驳回决定针对的权利要求扩大了保护范围。 （2）不得将与驳回决定针对的权利要求所限定的技术方案缺乏单一性的技术方案作为修改后的权利要求。 （3）不得改变权利要求的类型或者增加权利要求。

项目	注释
复审决定	(1)复审请求不成立,维持驳回决定。 (2)复审请求人对复审决定不服的,可以在收到复审决定之日起3个月内向起诉。 (3)原驳回决定被撤销的,原审查部门不得以同样的事实、理由和证据作出与该复审决定意见相反的决定。
复审程序终止	(1)复审请求被视为撤回的,复审程序终止。 (2)复审请求人撤回其复审请求的,复审程序终止。 (3)已受理的复审请求因不符合受理条件而被驳回请求的,复审程序终止。 (4)复审决定生效或者被人民法院的生效判决维持的,复审程序终止。

第五章

核心考点 61：专利权无效宣告程序（考查频度：★★★★★）

项目	注释
请求人的资格	（1）请求人应当具备民事诉讼主体资格。 （2）以与在先权利相冲突为理由提出无效宣告，请求人应当是在先权利人或利害关系人。 （3）专利权人不得对自己的专利权提出全部无效。 （4）专利权人提出部分无效自己的专利权，所提交的证据应当是公开出版物。 （5）多个请求人不得共同对同一专利权提出无效宣告。
无效宣告的客体	（1）无效宣告请求的客体应当是已经公告授权的专利，包括已经终止或者放弃（自申请日起放弃的除外）的专利。 （2）无效宣告请求不是针对已经公告授权的专利的，不予受理。 （3）被生效的无效宣告决定判定无效的，不得再提无效宣告。

项目	注释
无效宣告程序	(1)无效宣告请求的客体应当是已经公告授权的专利,包括已经终止或者放弃(自申请日起放弃的除外)的专利。 (2)无效宣告理由仅限于专利法实施细则规定的理由(A2、A5、A25、A19.1、A20.1、A22、A23、A26.3、A26.4、A27.2、A33、A9、独权缺少必要技术特征、分案申请是否超原案的范围),并且应当以专利法及其实施细则中有关的条、款、项作为独立的理由提出。 (3)请求人应当自提出无效宣告请求之日起 1 个月内缴纳无效宣告请求费。 (4)在无效宣告请求审查程序中,国务院专利行政部门指定的期限不得延长。
增加无效宣告理由	(1)请求人在提出请求之日起 1 个月内增加无效宣告理由,且进行了具体说明的。 (2)专利权人以删除方式以外的其他方式修改权利要求的,允许请求人在指定期限内增加无效宣告理由,且进行具体说明。

第五章

项目	注释
当事人举证	(1)请求人可以在提出请求之日起1个月内补充证据。 (2)专利权人提出了反证的,允许请求人在指定期限内补充证据。 (3)专利权人应当在审查部门指定的1个月答复期限内提交或补充证据。 (4)允许当事人在口头审理辩论终结前提交公知常识性证据或用于完善证据法定形式的公证文书、原件等证据。
修改原则	(1)外观设计专利的专利文件不得修改。 (2)发明/实用新型专利文件的修改仅限于权利要求书。 (3)不得改变原权利要求的主题名称。 (4)与授权的权利要求相比,不得扩大原专利的保护范围。 (5)一般不得增加未包含在授权的权利要求书中的技术特征。
修改方式	(1)权利要求的删除:是指从权利要求书中去掉某项或某些项权利要求。 (2)技术方案的删除:是指从原并列的技术方案中删除一种或多种。

第五章

项目	注释
修改方式	(3)权利要求的进一步限定:是指在权利要求中补入其他权利要求中记载的一个或多个技术特征以缩小保护范围。 (4)明显错误的修正。
修改限制	(1)权利要求的删除、技术方案的删除,在作出审查决定之前,均是允许的。 (2)权利要求的进一步限定、明显错误的修正,均可以在答复期限内进行修改。
无效宣告决定	(1)宣告无效的专利权视为自始即不存在。 (2)专利权被宣告部分无效的,被宣告无效的部分应视为自始即不存在,但是被维持有效的部分应视为自始即存在。 (3)宣告专利权无效的决定,对在宣告专利权无效前人民法院做出并已执行的专利侵权的判决、调解书,已经履行或者强制执行的专利侵权纠纷处理决定,以及已经履行的专利实施许可合同和专利权转让合同,不具有追溯力。但是因专利权人的恶意给他人造成的损失,应当给予赔偿。依照规定不返还专利侵权赔偿金、专利使用费、专利

项目	注释
无效宣告决定	权转让费,明显违反公平原则的,应当全部或者部分返还。 (4)当事人对无效宣告决定不服的,可以自收到之日起 3 个月内,提起诉讼。

第四节　口头审理程序

▶▶核心考点 62:口头审理 (考查频度:★★)

项目	注释
申请口审理由	(1)需要当面向合议组说明事实或者陈述理由。 (2)需要实物演示。 (3)当事人一方要求同对方当面质证和辩论(仅无效)。 (4)需要请出具过证言的证人出庭作证(仅无效)。

项目	注释
通知口审	(1)当事人应当在收到口审通知之日起 7 日内提交口审知书回执。 (2)复审:①复审请求人可以选择参加口头审理进行口头答辩,也可以在指定的期限内进行书面意见陈述;②复审请求人既未出席口头审理,也未在指定的期限内进行书面意见陈述,其复审请求视为撤回。 (3)无效:①期满未提交回执且不参加口审的,无效宣告请求视为撤回且程序终止,但是国务院专利行政部门认为根据已进行的审查工作能够作出宣告专利权无效或部分无效的决定的除外;②专利权人不参加口头审理的,可以缺席审理。
证人出庭	(1)是否允许证人出庭作证请求,由合议组根据案件的具体情况决定。 (2)证人出庭作证时,应当出示证明其身份的证件。 (3)出庭作证的证人不得旁听案件的审理。 (4)询问证人时,其他证人不得在场,但需要证人对质的除外。
口审中止	(1)当事人请求审案人员回避的。 (2)请求人需要对发明创造进一步演示的。 (3)因和解需要协商的(仅无效)。

项目	注释
口审终止	（1）复审：当事人未经合议组许可而中途退庭的，口头审理终止。 （2）无效：当事人未经合议组许可而中途退庭的，或因妨碍口头审理进行而被合议组责令退庭的，合议组可以缺席审理。
需特别授权	（1）代理人代为承认请求人的无效宣告请求。（2）代理人代为修改权利要求书。（3）代理人代为和解。（4）代理人代为撤回无效宣告请求。

第五节　无效宣告程序中有关证据问题的规定

>> 核心考点 63：无效宣告程序中的证据规定（考查频度：★★★★）

项目	注释
外文证据	外文证据，无论是译文还是原件，均需要在 1 个月内提交，否则不予考虑。

项目	注释
对译文有异议	(1)对方当事人有异议的,应当在指定的期限内对有异议的部分提交中文译文;没有提交中文译文的,视为无异议。 (2)双方当事人协议委托或者由专利局指定委托的,委托翻译所需翻译费用由双方当事人各承担50%;拒绝支付翻译费用的视为其认可对方当事人提交的译文。
域外证据	(1)当事人提供的公文书证系在中华人民共和国领域外形成的,该证据应当经所在国公证机关证明,或者履行中华人民共和国与该所在国订立的有关条约中规定的证明手续。 (2)可以不办理证明手续的:①该证据是能够从除港澳台以外的国内公共渠道获得的,如从专利局获得的国外专利文件,或从公共图书馆获得的国外文献资料。②有其他证据足以证明该证据真实性的。③对方当事人认可该证据的真实性的。

第一节　专利权

>> **核心考点 64**: 专利权保护期限与权利终止（考查频度：★★★★★）

项目	注释
专利权的保护期限	专利权的保护期限,均自申请日起算: (1)发明专利权的期限为 20 年。 (2)实用新型专利权期限为 10 年。 (3)外观设计专利权期限为 15 年。
保护期限的补偿	(1)因审查过程不合理延迟而补偿:①适用对象:发明专利申请。②时间条件:自发明专利申请日起满 4 年,且自实质审查请求之日起满 3 年后才授予发明专利权。③启动条件:依申请,即需要专利申请人提出请求。④补偿原因:发明专利在授权过程中存在不合理延迟。不合理延迟是由

项目	注释
保护期限的补偿	申请人引起的不予补偿,包括:未在指定期限内答复国务院专利行政部门发出的通知、申请延迟审查、援引加入以及其他情形。 (2)因新药上市审评审批占用时间而补偿:①适用专利类型:发明专利。②审查部门:国务院专利行政部门。③补偿原因:新药上市前的审评审批程序占用了时间。④补偿前提:新药最终获得批准在中国上市。⑤启动条件:依申请,即专利权人提出了希望给予专利权期限补偿的请求。⑥补偿期限:补偿期限不超过 5 年,新药批准上市后总有效专利权期限不超过 14 年。
专利权的终止情形	(1)专利权因保护期限届满而终止。 (2)专利权自应当缴纳年费期满之日起终止。 (3)专利权因权利人主动放弃而终止。
放弃专利权	(1)授予专利权后,专利权人随时可以主动要求放弃专利权。 (2)主动放弃专利权的,权利人不得附有任何条件。

第六章

项目	注释
放弃专利权	（3）放弃专利权声明的生效日为手续合格通知书的发文日，放弃的专利权自该日起终止。

>> 核心考点 65：专利标识权（考查频度：★）

项目	注释
标注载体	（1）实物载体，包括专利产品、专利产品的包装、专利产品的说明书等材料。 （2）电子载体，包括新闻网站、网上商城、个人或者企业网站等。
标注要求	（1）专利权被授予前进行标注的，应当采用中文标明中国专利申请的类别、专利申请号，并且标明"专利申请，尚未授权"字样。 （2）采用中文标明专利权的类别，例如中国发明专利、中国实用新型专利、中国外观设计专利。 （3）标注专利标识时可以附加其他文字、图形标记，但不得误导公众。不允许仅写上"专利产品，仿制必究"的字样，否则将被依法责令改正。

第六章

第二节　专利侵权行为与救济方法

>> 核心考点 66：专利侵权判定（考查频度：★★★）

项目	注释
侵权判定原则	（1）全面覆盖原则：被诉侵权技术方案中包含了某一权利要求的全部技术特征才侵权；否则不侵权。 （2）禁止反悔原则：专利权人在审查程序中或在无效宣告程序中放弃的技术方案，不再受保护，他人实施的，不侵权。
发明和实用新型专利侵权判定	（1）发明或实用新型专利权的保护范围以其权利要求的内容为准，说明书及附图可以用于解释权利要求的内容。 （2）在判定被控侵权的技术方案是否落入专利权的保护范围时，应当考虑权利要求所记载的全部技术特征。
外观设计专利侵权判定	（1）外观设计专利权的保护范围以表示在图片或照片中的该产品的外观设计为准，简要说明可以用于解释图片或照片所表示的该产品的外观设计。

第六章

项目	注释
外观设计专利侵权判定	（2）在与外观设计专利产品相同或者相近种类产品上，采用与授权外观设计相同或者近似的外观设计，应当认定被诉侵权设计落入外观设计专利权的保护范围。 （3）确定产品的用途，可以参考外观设计的简要说明、国际外观设计分类表、产品的功能以及产品销售、实际使用的情况等因素。 （4）图形用户界面外观设计产品种类的确定应以使用该图形用户界面的产品为准。

≫ 核心考点 67：专利侵权行为 （考查频度：★★★★★）

项目	注释
侵权行为方式	（1）产品专利：未经专利权人许可，以生产经营为目的制造、使用、许诺销售、销售、进口其专利产品。 （2）方法专利：未经专利权人许可，以生产经营为目的，使用其专利方法以及使用、许诺销售、销售、进口依照该专利方法直接获得的产品。 （3）外观设计专利：未经专利权人许可，以生产经营为目的制造、许诺

项目	注释
侵权行为方式	销售、销售、进口其外观设计专利产品。
侵权方式释义	（1）如果将侵犯发明或实用新型专利权的产品作为零部件，制造另一产品的，人民法院应当认定属于侵权使用行为。 （2）对于将依照专利方法直接获得的产品（第一代）做进一步加工、处理而获得后续产品（第二代）的行为，依然构成侵权。 （3）对于将依照专利方法直接获得的产品（第一代）进一步加工、处理而获得的后续产品（第二代），进行再加工、处理而获得的产品（第三代及以上），则不构成侵权。 （4）以做广告、在商店橱窗中陈列、在网络或在展销会上展出等方式作出销售侵犯他人专利权产品的意思表示的，可以认定为许诺销售。 （5）侵犯专利权的产品买卖合同依法成立的，即可认定构成销售侵犯专利权的产品。 （6）将侵犯外观设计专利权的产品作为零部件，制造另一产品并销售的，应当认定属于侵权销售行为，但仅具有技术功能的除外。

第六章

项目	注释
权利用尽	专利产品或依照专利方法直接获得的产品，由专利权人或者经其许可的单位、个人售出后，他人再使用、许诺销售、销售、进口该产品的，不视为侵权行为。
先用权	（1）行为人在专利申请日前已经制造相同产品、使用相同方法或者已经做好制造、使用的必要准备，并且仅在原有范围内继续制造、使用的，不视为侵犯专利权。 （2）"做好了制造、使用的必要准备"是指已经完成实施发明创造所必需的主要技术图纸或工艺文件，或已经制造或购买实施发明创造所必需的主要设备或原材料。 （3）"原有范围"包括专利申请日前已有的生产规模，以及利用已有的生产设备或者根据已有的生产准备可以达到的生产规模。 （4）被诉侵权人以非法获得的技术或者设计主张先用权抗辩的，不应予以支持。

项目	注释
先用权	(5)先用权人对于自己在先实施的技术不能转让,除非连同所属企业一并转让。
临时过境	临时通过中国领陆、领水、领空的外国运输工具,依照其所属国同中国签订的协议或者共同参加的国际条约,或依照互惠原则, 为运输工具自身需要而在其装置和设备中使用有关专利的,不视为侵犯专利权。
科研和实验目的	专为科学研究和实验使用有关专利的行为不视为侵犯专利权,无须得到专利权人的许可(国家鼓励采用反向工程进行创新)。
Bolar 例外	为提供行政审批所需要的信息,制造、使用、进口专利药品或者专利医疗器械的,以及专门为其制造、进口专利药品或专利医疗器械的行为不视为侵犯专利权,无须得到专利权人的许可。

核心考点 69:特殊侵权方式 (考查频度:★★)

项目	注释
善意侵权	(1)为生产经营目的使用、许诺销售或者销售专利侵权产品,能证明该产品合法来源的,不承担赔偿责任。

项目	注释
善意侵权	(2)能够证明其产品合法来源且能够举证证明其已支付该产品的合理对价的使用人,不承担赔偿责任且可以继续使用侵权产品。
不停止侵权行为	(1)被诉侵权行为构成对专利权的侵犯,但判令停止侵权会有损国家利益、公共利益的,可以不判令被诉侵权人停止侵权行为,而判令其支付相应的合理费用。 (2)有损国家利益或公共利益的情形:①有损于我国政治、经济、军事等安全的;②可能导致公共安全事件发生的;③可能危及公共卫生的;④可能造成重大环境保护事件的;⑤可能导致社会资源严重浪费等利益严重失衡的其他情形。
现有技术抗辩	(1)在专利侵权纠纷中,被控侵权人有证据证明其实施的技术属于现有技术或现有设计的,不构成侵犯专利权。 (2)现有技术抗辩是指被诉落入专利权保护范围的全部技术特征,与一项现有技术方案中的相应技术特征相同或无实质性差异。

第六章

项目	注释
救济途径	（1）双方当事人协商解决。 （2）请求管理专利工作的部门进行调解、处理。 （3）向人民法院提起侵权诉讼。 （4）当事人对行政处罚决定不服时，可自收到处理通知之日起15日内向人民法院提起行政诉讼，诉讼期间不停止处罚决定的执行。 （5）药品上市许可申请人与有关专利权人或利害关系人也可就申请注册的药品相关的专利权纠纷，向国务院专利行政部门请求行政裁决。
行政管辖	（1）国务院专利行政部门可以应专利权人或者利害关系人的请求处理在全国有重大影响的专利侵权纠纷。 （2）地方人民政府管理专利工作的部门负责本行政区域内的专利管理工作。
行政处理	（1）管理专利工作的部门应专利权人或者利害关系人的请求处理专利侵权纠纷时，可以采取下列措施：①询问有关当事人，调查与涉嫌违法行为有关的情况；②对当事人涉嫌违法行为的场所实施现场检查；

第六章

项目	注释
行政处理	③检查与涉嫌违法行为有关的产品。 (2)管理专利工作的部门依法行使前述职权时,当事人应当予以协助、配合,不得拒绝、阻挠。
处理决定	(1)管理专利工作的部门处理时,认定侵权行为成立的,可以责令侵权人立即停止侵权行为。 (2)认定侵权行为不成立的,应当驳回请求人的请求。 (3)侵权人期满不起诉又不停止侵权行为的,管理专利工作的部门可以申请人民法院强制执行。

▷▷ 核心考点 71: 向人民法院起诉 (考查频度: ★★★★★)

项目	注释
诉讼参加人	(1)原告为专利权人、利害关系人、专利财产权利的合法继承人。 (2)被告为涉嫌侵权人。 (3)原告、被告均有权委托代理人。

项目	注释
受案范围	(1)侵犯专利权纠纷案件。(2)假冒他人专利纠纷案件中的民事纠纷。(3)确认不侵害专利权纠纷案件。(4)确认是否落入专利权保护范围纠纷案件:药品上市审评审批过程中,药品上市许可申请人与有关专利权人或者利害关系人,因申请注册的药品相关的专利权产生纠纷的,相关当事人可以向人民法院起诉,请求就申请注册的药品相关技术方案是否落入他人药品专利权保护范围作出判决。
诉讼管辖	(1)专利纠纷案件由知识产权法院、最高人民法院确定的中级人民法院和基层人民法院管辖。 (2)最高人民法院设立知识产权法庭,主要审理专利等专业技术性较强的知识产权上诉案件。 (3)专利权侵权诉讼,由侵权行为地或被告住所地人民法院管辖。 (4)侵权行为地包括侵权行为的侵权结果发生地。 (5)原告仅对侵权产品制造者提起诉讼,未起诉销售者,侵权产品制造地与销售地不一致的,制造地人民法院有管辖权。 (6)以制造者与销售者为共同被告起诉的,销售地人民法院有管辖权。 (7)销售者是制造者分支机构,原告在销售地起诉侵权产品制造者制造、

项目	注释
诉讼管辖	销售行为的,销售地人民法院有管辖权。
诉前保全	(1)专利权人或者利害关系人有证据证明他人正在实施或者即将实施侵犯专利权、妨碍其实现权利的行为,如不及时制止将会使其合法权益受到难以弥补的损害的,可以在起诉前依法向人民法院申请采取财产保全、责令作出一定行为或者禁止作出一定行为的措施。 (2)在证据可能灭失或者以后难以取得的情况下,专利权人或者利害关系人可以在起诉前依法向人民法院申请保全证据。
诉讼中止	(1)诉讼涉及发明专利或被专利局维持有效的实用新型、外观设计专利,被告在答辩期间内请求宣告该项专利权无效的,人民法院可以不中止诉讼。 (2)涉及实用新型、外观设计专利权纠纷案件,被告在答辩期内提出请求宣告原告的专利权无效的,人民法院应当中止诉讼,但在特殊情况下可以不中止诉讼。 (3)被告在答辩期间届满后请求宣告涉案实用新型、外观设计专利权无效的,人民法院不应当中止诉讼,但经审查认为有必要中止诉讼的除外。 (4)专利侵权案件涉及实用新型和外观设计的,人民法院可以要求原告

项目	注释
诉讼中止	提交检索报告或专利权评价报告。无正当理由不提交的，人民法院可以裁定中止诉讼或判令原告承担可能的不利后果。
诉讼时效	侵犯专利权的诉讼时效为三年，自专利权人或者利害关系人知道或者应当知道侵权行为以及侵权人之日起计算。

>> 核心考点 72: 侵犯专利权的民事责任（考查频度：★★★）

项目	注释
侵权民事责任类型	侵犯专利权的，侵权人应当承担的民事责任包括： (1)停止侵权。 (2)赔偿损失。
停止侵权	(1)判定侵权行为成立的，应当责令侵权人停止侵权行为。 (2)专利权人或者利害关系人可以依据人民法院生效的判决书、裁定书、调解书，通知网络服务提供者采取删除、屏蔽、断开侵权产品

第六章

项目	注释
停止侵权	链接等必要措施。 （3）网络服务提供者接到通知后未及时采取必要措施的，对损害的扩大部分与侵权网络用户承担连带责任。
赔偿损失	（1）权利人、侵权人依法约定专利侵权的赔偿数额或赔偿计算方法，并在专利侵权诉讼中主张依据该约定确定赔偿数额的，人民法院应予支持。 （2）无约定时侵权赔偿数额的计算方式如下：①侵犯专利权的赔偿数额按照权利人因被侵权所受到的实际损失或者侵权人因侵权所获得的利益确定；②权利人的损失或者侵权人获得的利益难以确定的，参照该专利许可使用费的倍数合理确定；对故意侵犯专利权，情节严重的，可以在按照上述方法确定数额的 1 倍以上 5 倍以下确定赔偿数额；赔偿额包括权利人为制止侵权行为所支付的合理开支；③权利人的损失、侵权人获得的利益和专利许可使用费均难以确定的，人民法院可以根据专利权的类型、侵权行为的性质和情节等因素，确定给予 3 万元以上 500 万元以下的赔偿。

>> 核心考点 73：其他专利纠纷（考查频度：★★★）

项目	注释
其他专利纠纷的类型	（1）专利申请权归属纠纷。 （2）专利权归属纠纷。 （3）发明人、设计人资格纠纷。 （4）职务发明创造的发明人、设计人的奖励和报酬纠纷。 （5）发明专利临时保护使用费纠纷。
临时保护	（1）发明专利申请人在发明专利申请公布日至授权公告日期间，有权要求实施其发明的单位或个人支付适当费用。 （2）使用者拒绝支付适当费用的，专利权人可以在其专利申请授权之日起，请求管理专利公司的部门进行调解或者向人民法院提起诉讼。 （3）发明专利申请公布时申请人请求保护的范围与公告授权时的专利权保护范围不一致，被诉技术方案均落入上述两种范围的，法院

项目	注释
临时保护	应当认定被告在临时保护期间内实施了该发明。 （4）被诉技术方案仅落入其中一种范围的，应当认定被告在临时保护期间内未实施该发明。 （5）发明专利申请公布后至专利权授予前使用该发明未支付适当使用费的，专利权人要求支付使用费的诉讼时效为三年，自专利权人知道或者应当知道他人使用其发明之日起计算，但是，专利权人于专利权授予之日前即已知道或者应当知道的，自专利权授予之日起计算。

>>> 核心考点 74：假冒专利的行为（考查频度：★★）

项目	注释
假冒专利行为	（1）生产/销售假冒产品：①在未被授予专利权的产品或者其包装上标注专利标识。②专利权被宣告无效后或者终止后继续在产品或者其包装上标注专利标识。③未经许可在产品或者产品包装上标注他人的专利号。④专利权终止前依法在专利产品、依照专利方法直接获得的产品或其包装上标注专利标识，在专利权终止后许诺销售、销售

项目	注释
假冒专利行为	该产品的,不属于假冒专利行为。⑤对于被宣告无效的专利,即使是在被宣告无效前标注的专利标识,在专利权被宣告无效后也必须消除专利标识,才能销售、许诺销售等,否则即构成假冒专利的行为。
	(2)虚假标注:①在产品说明书等材料中将未被授予专利权的技术或设计称为专利技术或专利设计,将专利申请称为专利。②未经许可使用他人的专利号,使公众将所涉及的技术或者设计误认为是专利技术或者专利设计的行为。
	(3)伪造变造:伪造或者变造专利证书、专利文件或者专利申请文件的行为。
	(4)其他混淆行为:其他使公众造成混淆,将未被授予专利权的技术或者设计误认为是专利技术或者专利设计的行为。
	(5)善意假冒行为:(1)销售不知道是假冒专利的产品,并且能够证明该产品合法来源的,由负责专利执法的部门责令停止销售,但免除罚款的处罚。(2)对于该假冒专利的产品,只有在消除假冒的标识后,才可以继续销售该产品。

第六章

项目	注释
行政查处	（1）负责专利执法的部门根据已经取得的证据，对涉嫌假冒专利行为进行查处时，有权采取下列措施：①询问有关当事人，调查与涉嫌违法行为有关的情况；②对当事人涉嫌违法行为的场所实施现场检查；③查阅、复制与涉嫌违法行为有关的合同、发票、账簿以及其他有关资料；④检查与涉嫌违法行为有关的产品；⑤对有证据证明是假冒专利的产品，可以查封或者扣押。 （2）负责专利执法的部门依法行使前述规定的职权时，当事人应当予以协助、配合，不得拒绝、阻挠。
法律责任	（1）假冒专利的，除依法承担民事责任外，由负责专利执法的部门责令改正并予公告，没收违法所得，可以处违法所得 5 倍以下的罚款。 （2）没有违法所得或者违法所得在 5 万元以下的，可以处 25 万元以下的罚款。 （3）构成犯罪的，根据情节轻重，处 3 年以下有期徒刑或拘役，并处或单处罚金。

▶▶核心考点 75：专利管理 （新增知识点）

项目	注释
专利管理的含义	（1）专利管理是指专利管理人员在有关单位和部门的配合下，为了促进专利创造、运用、管理和保护，而形成的一套保障专利合法权益而形成的制度执行以及经营活动。 （2）专利管理主体包括专利管理行政部门、专利行业组织、企业单位、事业单位及有关组织等。
知识产权管理	（1）知识产权管理体系构建总体上可分为贯标筹备、调查诊断、框架构建、文件编写、教育培训、实施运行、评价改进七个步骤。 （2）知识产权管理体系包括：《企业知识产权管理规范》《高校知识产权管理规范》《科研组织知识产权管理规范》。 （3）知识产权贯标认证主要包括对法人或者其他组织经营过程中涉及知识产权创造、运用保护和管理等文件和活动的初次认证审核，获证后的监督审核，以及再认证审核。

第六章

项目	注释
知识产权管理	(4)知识产权管理体系认证人员的要求主要包括：专职要求、资格经历要求、个人素质要求、知识技能要求、行为规范要求等。

▶▶ 核心考点 76：专利运用（新增知识点）

项目	注释
专利运用的含义	(1)专利运用是指行为主体通过对专利或者专利情报的利用，以获取直接收益或间接收益的各类专利活动的总称。 (2)行为主体通常包括市场主体、创新主体和社会公众等具有实施专利活动行为能力的各类主体。
专利运用的主要内容	(1)专利产业化：专利产业化既包括专利的自实施，也包括许可、交易、转让后的他人实施。 (2)专利商品化：专利商品化的表现形式包括专利许可、专利转让等交易行为。

项目	注释
专利运用的主要内容	（3）专利金融化：专利金融化的表现形式包括专利质押融资、专利保险、专利股权化、专利证券化等投融资行为。 （4）专利竞争性利用：专利竞争性利用的表现形式包括专利布局、专利诉讼、专利无效、专利联盟和专利标准化等。 （5）专利情报利用：专利情报利用的表现形式包括专利导航、专利评议和专利预警等。

≫ 核心考点 77：专利实施许可 （考查频度：★★★）

项目	注释
专利实施许可的类型	（1）独占实施许可：仅被许可人可以实施该专利，其他人包括专利权人在内均不得实施该专利。（独一无二） （2）排他实施许可：专利权人仅许可一个被许可人实施其专利，但是专利权人也可以自行实施，其他人均不得实施该专利。 （3）普通实施许可：专利权人在许可给一个或多个被许可人后，自己可以

项目	注释
专利实施许可的类型	自行实施,也可以继续许可其他人实施其专利。
共有权利	(1)专利权共有人可以单独自行实施其专利,所得利益其他权利人无权要求分配。 (2)共有人可以普通许可方式许可他人实施该专利,收取的使用费应当在共有人之间合理分配。 (3)独占许可、排他许可必须经全体共有人同意。
双方义务	(1)专利实施许可的许可人应当是合法的专利权人或者其他权利人。 (2)专利权人在许可合同期限内有按时缴纳年费,保证专利权有效的义务。 (3)被许可人应当按照约定实施专利,支付许可使用费,且不得分许可。
备案手续	(1)当事人应当自专利实施许可合同生效之日起 3 个月内办理备案手续。 (2)不办理备案,不影响专利实施许可合同的有效性。

▶▶ 核心考点 78：专利权利转让（考查频度：★★★）

项目	注释
专利权利转让	（1）专利申请权和专利权可以转让。 （2）专利申请权或者专利权的转让自登记之日起生效。 （3）专利申请权（或专利权）的转移自登记日起生效，登记日即著录项目变更手续合格通知书的发文日。 （4）共有权利转让约定优先；无约定的，专利申请权或者专利权的转让须经全体共有人同意。
转让手续	（1）转让专利权的，当事人应当订立书面合同，由双方当事人签字或者盖章，并向国务院专利行政部门登记，由国务院专利行政部门予以公告。 （2）办理转让手续的当事人为强制委托人的，须依法委托专利代理机构。 （3）属于技术出口的，转让方有中方的，受让方有外方或我国港澳台方的，须提供由国务院商务部出具的《技术出口许可证》或由商务部或地方商务部门出具的《自由出口技术合同登记证书》。

第六章

项目	注释
专利保险的含义	专利保险,是指投保人以授权专利和专利侵权赔偿责任为标的的保险,主要解决由于专利的侵权行为而造成的民事责任赔偿和财产损失。
专利保险的模式	（1）政府统保模式:专利保险的政府统保模式是指保险公司根据政府需求设计有针对性的产品方案,由政府通过购买服务等多种方式为企业购买的专利保险买单。 （2）政银保模式:政银保模式是指采取政府主导,政府、银行和保险公司三方共担风险和市场化运作的实施方式,通过建立风险补偿机制和贴息贴费优惠,拉动合作银行贷款投放量,并共同承担项目风险的模式。 （3）政融保模式:政融保模式是指采取政府主导,通过保险资金投放和拉动其他金融机构资金投放的方式帮助拥有优质专利的企业进行融资的模式。

项目	注释
质押合同	（1）以专利权出质的，出质人与质权人应当订立书面质押合同。 （2）质押合同可以是单独订立的合同，也可以是主合同中的担保条款。
质押登记	（1）以专利权出质的，由出质人和质权人共同向国务院专利行政部门办理出质登记。 （2）以共有的专利权出质的，除全体共有人另有约定外，应当取得其他共有人的同意。 （3）质权自国家知识产权局登记时设立。
专利权人的义务	（1）专利权人在质押期间要按时缴纳专利年费，以维持其专利权有效的义务。 （2）在专利权质押期间，专利权人未经质权人同意不得转让或许可他人使用该专利权，也不得放弃出质的专利权。 （3）出质人经质权人同意转让或许可他人实施出质的专利权的，出质人所得的转让费、许可费应当向质权人提前清偿债务或提存。

第六章

项目	注释
专利导航的含义	专利导航是一种运用产业技术、市场、专利等多维度大数据对特定研究对象在相关领域所面临的产业、专利技术竞争进行结构化分析，为其实现创新发展和核心竞争力提升提供决策支撑和发展路径指引的研究范式。
研究方法	（1）专利导航的研究方法是以专利大数据分析为依托，综合运用专利情报分析、产业竞争分析、市场价值分析手段，结合产业、技术、市场以及龙头企业知识产权战略等多维度情报研究分析。 （2）按照全景分析——方向识别——定位研究——风险预判——路线图绘制的基本思路，结合服务对象需求，全面、深入而有针对性地进行的综合性情报研究和挖掘分析的方法。
专利导航的主要类型	（1）根据研究对象的不同划分：①面向区域层面开展的区域规划类专利导航，即以各级地方行政区域，产业园区、产业集聚区等经济区域内的有关部门为服务对象；②面向特定产业层面开展的产业规划类

项目	注释
专利导航的主要类型	专利导航，即以产业主管部门或行业机构为服务对象；③面向企业和科研院所等特定创新主体开展的创新主体类专利导航，即以企业和科研院所等创新主体为服务对象。 （2）根据专利导航的特定应用场景划分：①研发立项类专利导航；②标准运用类专利导航；③人才管理类专利导航。

第五节　专利实施的特别许可

核心考点 82：专利指定许可（考查频度：★）

项目	注释
申请主体	启动推广应用的主体是国务院有关主管部门和省、自治区、直辖市人民政府。
批准机关	有权批准推广应用的唯一国家机关是国务院。

项目	注释
专利客体	可以进行推广应用的,只有国有企业事业单位的发明专利。
实施前提	只有在国有企业、事业单位的发明专利对国家利益或公共利益具有重大意义的条件下,才允许实施推广应用。
批准后的实施	获得指定实施推广应用发明专利的单位,应当按照国家规定向专利权人支付使用费。

核心考点 83: 专利强制许可 (考查频度:★★★★★)

项目	注释
因私申请	(1)专利权人自专利权被授予之日起满 3 年,且自提出专利申请之日起满 4 年,无正当理由未实施或者未充分实施其专利的,国务院专利行政部门可以给予申请人实施发明专利的强制许可(主要供应国内市场)。 (2)专利权人行使专利权的行为被依法认定为垄断行为,为消除或者

第六章

项目	注释
因私申请	减少该行为对竞争产生的不利影响的,国务院专利行政部门可以给予申请人实施发明专利或者实用新型专利的强制许可。 (3)强制许可涉及的发明创造为半导体技术的,其实施限于公共利益的目的和被依法认定为垄断行为的。 (4)一项取得专利权的发明或实用新型比前已经取得专利权的发明或实用新型具有显著经济意义的重大技术进步,其实施又有赖于前一发明或实用新型的实施的,国务院专利行政部门根据后一专利权人的申请,可给予实施前一发明或实用新型的强制许可;在依照前款规定给予实施强制许可的情形下,国务院专利行政部门根据前一专利权人的申请,也可以给予实施后一发明或者实用新型的强制许可(主要供应国内市场)。
因公申请	(1)在国家出现紧急状态或者非常情况时,或者为了公共利益的目的,国务院专利行政部门可以给予实施发明专利或者实用新型专利的强制许可。 (2)为了公共健康目的,对取得专利权的药品,国务院专利行政部门可以给予制造并将其出口到符合中华人民共和国参加的有关国际条约规定的国家或者地区的强制许可。

第六章

项目	注释
救济	专利权人对强制许可决定不服的,可以自收到通知之日起 3 个月内提起行政诉讼。
强制许可使用费	(1)强制许可使用费数额采用合理原则,或依照有关国际条约的规定确定。 (2)强制许可使用费数额双方协商优先;双方不能达成协议的,可以请求国务院专利行政部门裁决。 (3)被许可人或专利权人对强制许可使用费裁决不服的,可以自收到通知之日起 3 个月内提起行政诉讼。

核心考点 84: 专利开放许可 (新增知识点)

项目	注释
申请程序	(1)开放许可以专利权人自愿为前提。 (2)专利权人允许任何单位或个人实施其专利的,专利权人需以书面方式向国务院专利行政部门提出申请。

项目	注释
申请程序	（3）书面声明中需明确许可使用费支付方式和标准。 （4）手续合格的，由国务院专利行政部门予以公告。 （5）就实用新型、外观设计专利提出开放许可声明的，权利人应当提供专利权评价报告。
撤回程序	（1）专利权人撤回开放许可声明的，应当以书面方式提出，并由国务院专利行政部门予以公告。 （2）开放许可声明被公告撤回的，不影响在先给予的开放许可的效力。
开放许可的获得	任何单位或者个人有意愿实施开放许可的专利的，以书面方式通知专利权人，并按照公告的许可使用费支付方式、标准支付许可使用费后，即获得专利实施许可。
年费优惠	开放许可实施期间，对专利权人缴纳专利年费相应给予减免。
许可方式限制	实行开放许可的专利权人可以与被许可人就许可使用费进行协商后给予普通许可，但不得就该专利给予独占或者排他许可。

第七章　PCT 及其他专利相关国际条约

第一节　专利合作条约

核心考点 85:　PCT 国际阶段（考查频度：★★★★★）

项目	注释
PCT 国际申请	（1）中国的公民或国民既可以向国务院专利行政部门提出国际申请，也可以向国际局提出国际申请。 （2）允许巴黎公约缔约国但不是 PCT 条约缔约国的公民或者国民提出 PCT 国际申请。 （3）国际申请日为主管受理局收到申请文件之日。 （4）国际申请日在每个指定国具有正规的国家申请的效力。
申请文件	（1）请求书：发明名称，申请人信息，至少一个指定国，发明人事项等。 （2）说明书应当对发明作出清楚、完整的说明，足以使本技术领域的

项目	注释
申请文件	技术人员能够实施该发明。 （3）权利要求应确定要求保护的内容，权利要求应当以说明书为依据，清楚、简要地限定要求保护的范围。 （4）说明书摘要译成英文时最好在 50～150 个词之间。
国际检索	（1）国际检索报告的完成期限为自国际检索单位收到检索本起 3 个月，或自优先权日起 9 个月，以后届满的期限为准。 （2）国际检索单位在作出国际检索报告（或宣布不作出国际检索报告）的同时，应当给出书面意见。 （3）不进行国际检索的情形：①科学和数学理论；②植物或动物品种，但微生物学方法和由该方法获得的产品除外；③经营业务、纯粹智力行为或游戏比赛的方案、规则或方法；④处置人体或动物体的外科手术或治疗方法以及诊断方法；⑤单纯的信息表达；⑥计算机程序。 （4）申请人可以在收到国际检索报告之后，在国际公布之前，修改权利要求书。
要求优先权	（1）申请人可以为其国际申请要求一个或者多个在巴黎公约成员国或者世界贸易组织成员提出的在先申请的优先权。

第七章

项目	注释
要求优先权	（2）在先申请的申请日应当在国际申请日之前 12 个月内。国际申请日在优先权期限届满之后，但在届满之后 2 个月内的，申请人可以请求恢复该优先权。 （3）国务院专利行政部门作为受理局，允许申请人根据该规定请求恢复优先权，但作为指定局对此作出了保留。 （4）申请人应当自优先权日起 16 个月内向国际局或受理局提交优先权文件。
单一性	（1）国际检索单位认为国际申请缺乏单一性的，可以要求申请人在规定期限内缴纳附加检索费。 （2）申请人可以选择在规定的期限内缴纳附加检索费，或者缴纳附加检索费的同时提出异议并缴纳异议费，或者不缴纳附加检索费。 （3）对于按照规定提出异议的，如果异议成立，附加检索费和异议费将被退回。 （4）如果申请人未在规定的期限内缴纳附加检索费，国际检索单位仅需对首先提到的发明主题进行检索。

第七章

项目	注释
国际公布	（1）国际申请应当自优先权日起 18 个月届满后，由国际局迅速进行国际公布。 （2）国际申请是以英文以外的语言进行国际公布的，某些内容还要以该种语言和英文两种语言进行公布，例如发明名称、摘要、摘要附图中的文字，以及国际检索报告（或宣布不作出国际检索报告）。 （3）在中国提出的 PCT 国际申请，只有以中文进行的国际公布，才自国际公布之日起发生临时保护效力。
国际初步审查	（1）国际初步审查程序是一个可选择的程序。 （2）申请人应当自传送国际检索报告和书面意见之日起 3 个月内，或自优先权日起 22 个月内提交国际初步审查要求书。 （3）在国际初步审查报告作出之前，申请人有权在规定的期限内修改权利要求、说明书或附图。 （4）国际初步审查报告是对国际申请中请求保护的发明看来是否具备新颖性、创造性和工业实用性提供初步的、无约束力的意见。

第七章

项目	注释
国际初步 审查	(5)完成国际初步审查报告的期限是自优先权日起 28 个月,或自启动 审查之日起 6 个月内,以后届满的期限为准。

第二节　国际申请进入中国国家阶段的特殊要求

核心考点 86:　PCT 中国国家阶段 (考查频度:★★★★★)

项目	注释
进入期限	(1)一般期限:国际申请的申请人应当自国际申请日(有优先权的为 优先权日)起 30 个月内,向国务院专利行政部门办理进入中国国家 阶段的手续。 (2)宽限期:在缴纳宽限费后,申请人可以在自申请日(有优先权的 为优先权日)起 32 个月内办理进入国家阶段的手续。
国家公布	(1)完成国家公布准备工作的时间一般不早于自进入国家阶段之日

项目	注释
国家公布	起 2 个月。 (2)国家公布采用中文。 (3)国际公布语言不是中文的,临时保护效力自国家公布之日起产生。
授予专利权	(1)进入中国国家阶段时,进入声明中需明确要求发明或者实用新型,必居其一。 (2)经过实质审查没有发现驳回理由的,专利局作出授予发明专利权的决定。 (3)经过初步审查没有发现驳回理由的,专利局作出授予实用新型专利权的决定。
不丧失新颖性的公开	(1)国际申请涉及专利法 A24 第(二)项(国际展览会上首次公开),或第(三)项(规定的学术会议上首次发表)所述情形之一的宽限期声明的,应当在进入声明中予以说明,并自进入日起 2 个月内提交规定的有关证明文件。 (2)未说明或者期满未提交证明文件的,不适用不丧失新颖性的宽限期规定。

项目	注释
单一性	（1）国务院专利行政部门根据我国规定，判断、处理国际申请的单一性问题。 （2）国际阶段因为单一性问题未做全文检索的，申请人应当在专利局发出的缴纳单一性恢复费通知书中指定的期限内，缴纳单一性恢复费。 （3）申请人未按要求缴纳单一性恢复费的，则未经国际检索部分将被视为撤回。 （4）对于因未缴纳单一性恢复费而删除的内容，申请人不得提出分案申请。

第八章 专利文献与专利分类

第一节 专利文献基本知识

▶▶ 核心考点 87：专利文献基本知识（考查频度：★）

项目	注释
专利单行本	（1）专利单行本的内容包括扉页、说明书、权利要求书及检索报告（如果有的话）。 （2）扉页由著录事项、摘要、摘要附图组成，说明书无附图的，则没有摘要附图。
主要国家、地区及组织代码	为便于各工业产权局以编码形式标识国家、其他实体及政府间组织时使用，WIPO 制定了标准 ST.3 用双字母代码表示国家、其他实体及政府间组织的推荐标准。常用代码如下： （1）世界知识产权组织（WO/IB）、非洲地区知识产权组织（AP/OA）。 （2）欧洲专利局（EP）、德国（DE）、法国（FR）、英国（GB）。

项目	注释
主要国家、地区及组织代码	(3)澳大利亚(AU)、奥地利(AT)、西班牙(ES)。 (4)中国(CN)、美国(US)、加拿大(CA)、俄罗斯(RU)、日本(JP)、韩国(KR)。
中国专利编号	(1)申请号编号方式为:申请年代＋申请种类＋申请序号＋小数点＋校验位。 (2)专利号编号方式为专利标识代码"ZL"＋申请号。 (3)申请种类:1 表示发明专利申请;2 表示实用新型专利申请;3 表示外观设计专利申请;8 表示进入中国国家阶段的 PCT 发明专利申请;9 表示进入中国国家阶段的 PCT 实用新型专利申请。
中国专利文献	(1)编号方式为:国别代码＋申请种类＋文献流水号＋文献种类代码。 (2)国别代码为:CN。 (3)文献种类代码:A:发明专利申请公布;B:发明专利授权公告;C:发明专利权部分无效宣告的公告;U:实用新型专利授权公告;Y:实用新型专利权部分无效宣告的公告;S:外观设计专利授权公告或专利权部分无效

项目	注释
中国专利文献	宣告的公告。
IPC 国际专利分类的构成	(1)IPC 将与发明专利有关的全部技术内容按部、分部、大类、小类、大组、小组等逐级分类,组成完整的等级分类体系。 (2)全表共分 8 个部,20 个分部,以 9 个分册出版。1～8 册为分类详表,第 9 册为使用指南及分类简表(至大组一级):①IPC 的部(一级类)用 A～H 表示。分部仅是分类标题,未用标记。②大类号由部的类号加两位数字组成。③小类号由大类号加一个大写字母组成。④大组类号由小类号+"1-3 位数字"+"/"+"00"组成。⑤小组类号由小类类号+"1-3 位数字"+"/"+"00"以外的其它至少两位数字组成。 (3)部是分类表等级结构的最高级别。用大写英文字母 A～H 表示 8 个部的类号,每个部有部的类名,如:A:人类生活必需;B:作业;运输;C:化学;冶金;D:纺织;造纸;E:固定建筑物;F:机械工程;照明;加热;武器;爆破;G:物理;H:电学。

>> 核心考点 88：专利信息检索（考查频度：★）

项目	注释
专利检索的概念	（1）专利检索是指从海量专利信息源中迅速而准确地找出符合特定需要的专利信息或文献线索的方法和过程。 （2）专利检索的基本要求是全、准、快、灵，其中："全"是指没有遗漏；"准"是指有针对性；"快"是指用时短；"灵"是指灵活使用各类检索要素和检索策略。
主要互联网专利信息检索系统	（1）世界知识产权组织 WIPO：https://www.wipo.int/ （2）中国专利信息网：http://www.patent.com.cn/ （3）欧洲专利局：https://www.epo.org/ （4）美国专利商标组织：https://www.uspto.gov/ （5）日本特许厅：https://www.jpo.go.jp/